[illisible] (Théophile)

Études sur le régime hypothécaire.

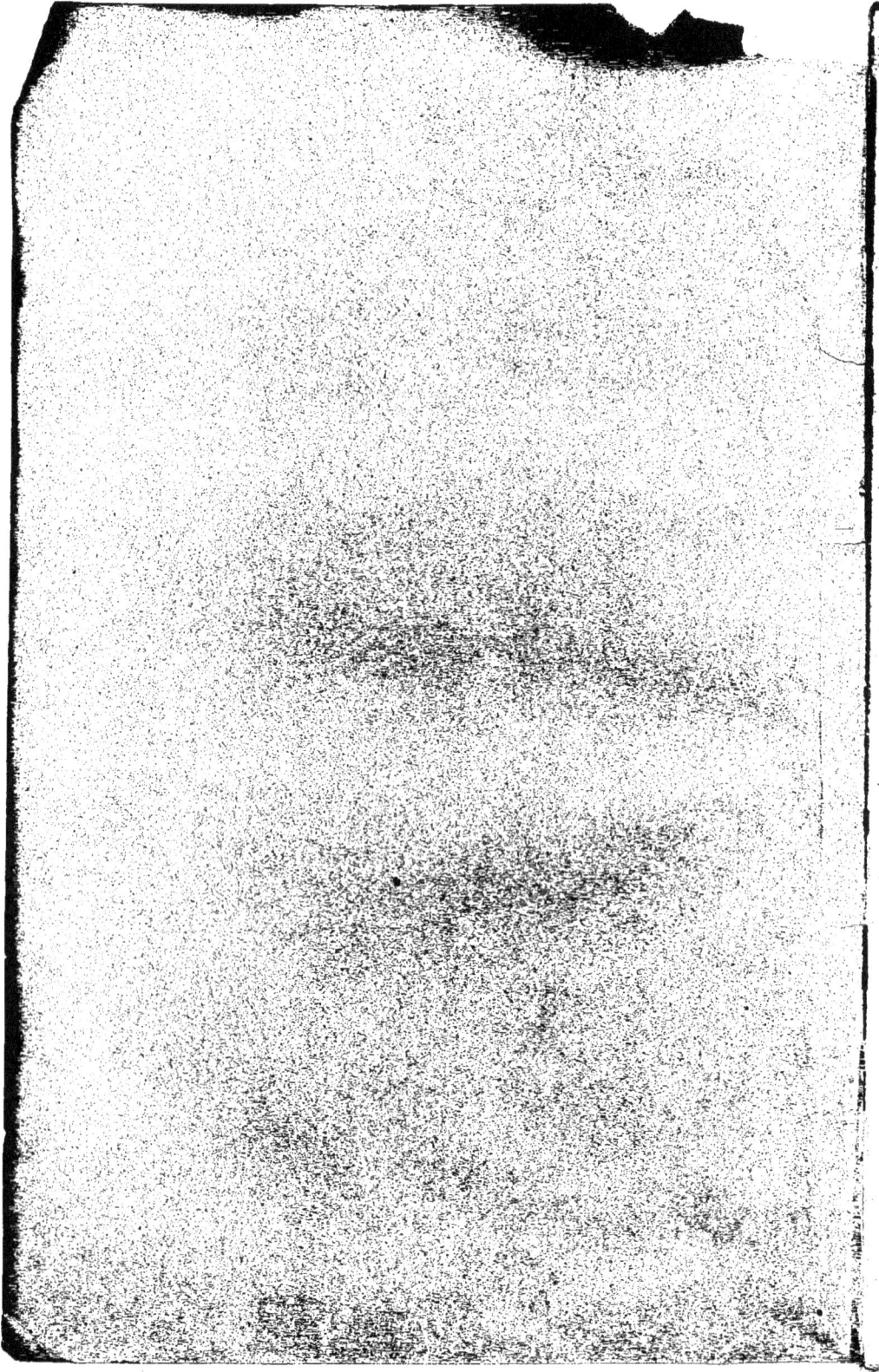

ÉTUDES

SUR

LE RÉGIME HYPOTHÉCAIRE

ET LES AMÉLIORATIONS DONT IL PARAÎT SUSCEPTIBLE,

PAR M. THÉOPHILE HUC,

PROFESSEUR DE CODE NAPOLÉON À LA FACULTÉ DE DROIT DE TOULOUSE,
MEMBRE DE L'ACADÉMIE DE LÉGISLATION.

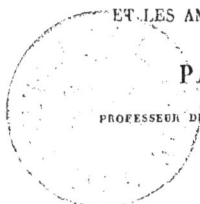

CHAPITRE PREMIER.

CONSIDÉRATIONS GÉNÉRALES SUR LA NATURE ET LE BUT DU RÉGIME HYPOTHÉCAIRE.

1. — Objet de ce travail.

Le mouvement en faveur d'une réforme du régime hypothécaire est presque aussi ancien que la promulgation même de notre
Code. Nous croyons inutile de faire l'historique des efforts de tout
genre successivement tentés pour arriver à une réforme aussi im-
patiemment appelée par les uns que redoutée par les autres, des
opinions diverses qui se sont produites jusqu'à ce jour, des différents systèmes tour à tour proposés, discutés et abandonnés, et
enfin des améliorations de détail réalisées à certaines époques dans
quelques parties du droit hypothécaire. Nous prendrons pour
point de départ, dans cette étude, la loi du 23 mars 1855 et le
remarquable progrès qu'elle consacre. Cette loi, qui aurait pu être
meilleure, a cependant, il faut le reconnaître, singulièrement amé-
lioré la situation, en rétablissant la nécessité de la transcription et
en restreignant dans de justes limites la clandestinité des hypothèques des femmes mariées et des mineurs. Mais elle n'avait pas
pour but, et par conséquent ne pouvait avoir pour résultat de faire
disparaître tous les inconvénients que présente notre organisation

H. 1

hypothécaire. Aussi, depuis qu'elle a été promulguée, et malgré la sécurité plus grande qui devait résulter de son application pour le capitaliste, il ne paraît pas que la propriété foncière ait plus facilement trouvé les capitaux dont elle a besoin. Il n'y a rien là qui doive nous surprendre. Cette loi, en effet, n'a modifié en aucune manière ce qu'on pourrait appeler *le rouage* ou *mécanisme hypothécaire*. Or, s'il était démontré que les vices du système hypothécaire actuel tiennent plutôt à son *mode de fonctionnement* qu'aux *bases juridiques* sur lesquelles il a été établi, il faudrait convenir que la réforme n'a pas encore porté sur le point qu'il s'agissait précisément de réformer, et que, malgré la loi du 23 mai 1855, il reste encore beaucoup à faire.

Notre but est de rechercher succinctement ce qui pourrait être fait pour arriver enfin à une bonne organisation du régime hypothécaire. Le problème est sans doute considérable, mais il ne saurait être insoluble; et la détermination rigoureusement exacte et précise des côtés réellement défectueux du régime hypothécaire actuel suffira souvent, croyons-nous, pour nous faire entrevoir le genre d'amélioration pratique qu'il conviendrait d'adopter.

II. — Il ne faut pas confondre l'amélioration du *régime hypothécaire* avec l'organisation du *crédit foncier*.

Nous devons d'abord écarter tout à fait certaines préoccupations qui ont, jusqu'à ce jour, paralysé toute tentative de réforme. La principale difficulté de l'entreprise vient en effet de ce que les économistes se sont emparés de la question hypothécaire, ont voulu lui enlever son caractère purement juridique pour la rattacher directement à la création et au développement du crédit foncier.

Sans doute, il y a de nombreux rapports entre le crédit foncier et le régime hypothécaire; mais la vérité est que le crédit foncier et le régime hypothécaire ne sauraient avoir le même but.

Le crédit foncier a pour but de diriger vers l'exploitation du sol des capitaux qui ont une tendance plus naturelle à aller vers l'industrie.

Le régime hypothécaire a uniquement pour but de donner sécurité entière à ceux qui traitent sur des immeubles. En conséquence, le crédit foncier doit recevoir une organisation tout à fait en dehors du régime hypothécaire, et l'organisation du régime hypothécaire doit être tout à fait indépendante de l'organisation du crédit foncier. Mais tout le monde n'accepte pas une distinction qui dérive cependant de la nature même des choses. En 1841, la cour de Riom déclarait : *qu'un bon système hypothécaire doit être l'organisation du crédit foncier* [1]. Cette erreur capitale est malheureusement encore aujourd'hui en faveur chez beaucoup d'esprits, et elle est la cause de l'ajournement indéfini de toute réforme sérieuse : car les difficultés relatives à l'organisation du crédit foncier se sont alors enchevêtrées dans celles qui sont spéciales au régime hypothécaire, et la confusion qui en est résultée a fait avorter toute tentative d'amélioration. Il serait temps cependant que ces deux idées : *crédit foncier* et *régime hypothécaire,* si mal à propos et si maladroitement confondues, fussent désormais nettement distinguées.

III. — Causes qui poussent les capitaux vers l'*industrie* plutôt que vers l'*agriculture.*

Il faut, en effet, remarquer que les causes qui poussent les capitaux plutôt vers l'industrie que vers le sol ne tiennent pas le moins du monde aux imperfections du régime hypothécaire, mais bien certainement aux avantages considérables que présentent les placements sur valeurs industrielles, avantages que l'on peut ainsi résumer :

1° Affranchissement de tout intermédiaire, et, par conséquent, secret des affaires domestiques;

2° Facilités pour le placement des petites épargnes : aussitôt qu'on a 300 francs on peut acheter une obligation de chemin de fer, alors qu'on n'oserait pas aller chez un notaire pour un placement aussi mesquin.

3° L'intérêt des valeurs industrielles est le plus souvent supérieur à 5 pour 100.

4° Des primes énormes sont quelquefois offertes, et un titre qui n'a coûté que 300 francs sera remboursé sur le pied de 500 francs.

[1] *Documents relatifs à la réforme hypothécaire,* publiés par ordre du ministre de la justice, t. I, p. 78.

5° L'extrême facilité de la négociation rapproche les valeurs industrielles de l'écu métallique, permet de les réaliser aussitôt que la nécessité l'exige, sans qu'il faille se mettre à la recherche d'un cessionnaire et recourir aux formalités de la cession.

6° Le payement des intérêts à l'échéance est aussi certain qu'il peut l'être, et le porteur de titres est affranchi des lenteurs et des ennuis de l'expropriation, de l'ordre, etc.

Tels sont les avantages que présentent les placements industriels; ils sont si considérables que, quand même on supposerait le régime hypothécaire purgé de toutes ses imperfections, établi sur les meilleures bases possibles et fonctionnant d'une manière irréprochable, il y aurait encore pour le capitaliste un immense intérêt à placer son argent dans l'industrie plutôt que sur la propriété foncière.

C'est qu'en effet le régime hypothécaire le plus parfait qu'on puisse rêver ne dispensera jamais le capitaliste qui veut faire un placement hypothécaire :

1° D'attendre d'avoir à sa disposition un capital suffisamment élevé pour pouvoir être sérieusement offert;

2° De vérifier les titres de propriété, de consulter sur leur valeur des hommes compétents, qui, malgré leur savoir et leur expérience, peuvent toujours se tromper;

3° De recourir à un intermédiaire, le notaire;

4° D'être toujours dans l'incertitude quant au payement exact des intérêts et du capital;

5° D'être quelquefois remboursé bien avant l'époque fixée, par suite d'une aliénation de l'immeuble hypothéqué, suivie de la purge des hypothèques inscrites;

6° D'être exposé, au contraire, dans le même cas d'aliénation de l'immeuble hypothéqué, à la nécessité d'en discuter la valeur en faisant une surenchère souvent impossible, faute de ressources suffisantes;

7° De subir les longueurs d'une expropriation et d'un ordre, sans parler de l'éventualité des contredits, qui peuvent traîner les intéressés successivement devant plusieurs tribunaux, y compris la cour de cassation;

8° D'être exposé au danger de commettre des nullités dans les formalités de procédure qui viennent d'être indiquées ;

9° Enfin, en supposant heureusement franchis tous ces obstacles, de se trouver en présence d'un adjudicataire ou d'un tiers acquéreur insolvable, à l'égard duquel il faille poursuivre une nouvelle vente par la voie de la folle enchère ou de l'expropriation.

Tous ces inconvénients sont inhérents au régime hypothécaire, et on les retrouvera toujours, même dans le système le mieux perfectionné : car les perfectionnements à apporter au régime hypothécaire ne sauraient avoir pour effet la disparition complète d'inconvénients qui résultent de la nature même des situations. On ne saurait trop le répéter, le but unique d'un bon système hypothécaire doit être de *donner toute sécurité à ceux qui traitent sur les immeubles;* au contraire, le but du crédit foncier est celui-ci : étant donné un système hypothécaire aussi bon que possible, trouver, *en dehors de ce système,* le moyen de diriger vers l'agriculture les capitaux qui ont une tendance naturelle à aller vers l'industrie.

IV. — Le régime hypothécaire ne doit pas servir au développement artificiel du *crédit foncier.*

Et maintenant convient-il de perfectionner autant que possible le régime hypothécaire? Qui oserait en douter? Toute organisation vicieuse du régime hypothécaire compromet la propriété et l'ordre public.

Mais convient-il aussi de créer et de développer outre mesure le crédit foncier? C'est là une tout autre question, et la réponse pourra n'être pas la même, car il y a mille bonnes raisons pour soutenir la négative.

En 1841, la cour de Paris avait nettement posé le problème.

« Nous nous sommes demandé, disait-elle, quel était le but que devait se proposer une bonne loi hypothécaire? Devait-elle tendre à donner aux transactions sur les immeubles cette rapidité, cette facilité qui leur manquent, et dont l'absence paralyse souvent, dans la main du propriétaire foncier, des valeurs importantes qu'il pourrait employer utilement dans l'intérêt de sa famille comme dans celui de la prospérité générale? Doit-on, au contraire, tout en ayant égard à cette première considération, s'attacher surtout à donner au prêteur comme à l'emprunteur hypothécaire, au vendeur comme à l'acheteur d'immeubles, les garanties de sécurité et de stabilité qui semblent le caractère et l'avantage propre des placements immobiliers? C'est entre ces deux pensées qu'il faut choisir, et l'on n'a pas hésité... Le plus souvent les emprunts hypothécaires sont le signal ou même l'instrument de la ruine des propriétaires fonciers... Ces considérations, et beaucoup d'autres qu'il serait trop long d'énumérer, ont porté la cour à croire que le but auquel on devait tendre était surtout de donner au gage hypothécaire toute la sûreté qu'il doit avoir, d'assurer à l'acquéreur d'immeubles toutes les garanties qu'il a droit de réclamer; qu'ainsi l'on donnerait aux placements de ce genre une faveur suffisante, quoique indirecte, mais qu'aller au delà ce serait dépasser la limite [1]. »

La faculté de Dijon exprimait les mêmes sentiments avec encore plus d'énergie.

« Les économistes sont préoccupés d'une étrange idée, faisait observer la faculté; suivant eux, c'est dans l'intérêt de l'agriculture qu'il faudrait débarrasser le prêt sur hypothèque de toute espèce d'entraves et de sollicitude; l'argent affluerait de toutes parts aux petits propriétaires qui ont besoin d'avances pour faire face aux frais de leur exploitation. *Il faudrait bien plutôt éloigner d'eux ces perfides secours;* un petit propriétaire agricole qui emprunte à 5 pour 100 est ruiné au bout de quelques années par l'accumulation des intérêts et des frais. C'est dans la terre et dans son travail qu'il doit puiser toutes ses ressources [2]. »

Qui voudrait aujourd'hui sérieusement contester l'exactitude de cet aperçu? Reconnaissons donc qu'il serait bien imprudent de détourner de son but le régime hypothécaire pour le faire servir à un développement peu désirable du crédit foncier.

« Dans les pays où l'on a sérieusement médité sur les conditions du crédit foncier, fait observer la cour de Bordeaux, on a placé *ailleurs que dans des modifications au système hypothécaire* la solu-

---

[1] *Documents*, etc., t. I, p. 71, 72, 73.
[2] *Documents*, etc., t. II, p. 387.

tion du problème qui fatigue tant d'esprits. On a pensé que les prêts sur hypothèque deviendraient faciles, si les conditions du crédit foncier étaient combinées de manière à donner à l'emprunteur le moyen de se libérer avec les bénéfices mêmes que procure l'emprunt [1]. »

Nous ne retenons de cette observation que le point qu'il nous importe de mettre en relief, c'est-à-dire que *les conditions du crédit foncier doivent être placées ailleurs que dans des modifications au système hypothécaire.*

Enfin cette vérité a été officiellement reconnue et proclamée en 1852, à propos du décret du 28 février de la même année, sur les sociétés de *crédit foncier.* En effet, le ministre, dans son exposé des motifs, après avoir démontré que l'agriculture ne jouit pas en France d'un crédit proportionné à ses besoins, continuait en ces termes :

« La réforme hypothécaire elle-même, quelque amélioration qu'elle puisse apporter à ce crédit, demeurera impuissante contre le mal que nous venons de signaler. Elle rendra plus faciles et moins onéreux les emprunts sur la propriété ; mais elle ne fera pas cesser l'éloignement du capitaliste qui a besoin de compter sur un remboursement exact, à courte échéance, par le propriétaire cultivateur, qui ne peut trouver dans les fruits de son travail le moyen de se libérer, si ce n'est au bout d'un grand nombre d'années [2]. »

V. — But légitime vers lequel doit tendre un régime hypothécaire convenablement conçu.

Ainsi donc les témoignages les plus considérables sont d'accord pour affirmer cette vérité évidente, que *le crédit foncier doit être organisé, s'il doit l'être, tout à fait en dehors du régime hypothécaire.* Et cependant cette vérité est tous les jours méconnue dans ces projets divers, ces combinaisons de toute nature, présentés comme réalisant enfin la solution du problème. D'ailleurs, quant aux ré-

---

[1] *Documents,* etc., t. I, p. 23.
[2] Voyez J. B. Duvergier. *Collection des lois,* etc., année 1852, p. 285.

sultats que l'on attend d'une bonne organisation du crédit foncier en ce qui touche la facilité des emprunts destinés à favoriser l'agriculture, nous n'y croyons pas. Tout le monde sait que la Société du *Crédit foncier de France*, constituée en vertu du décret du 28 février 1852, fonctionne d'une manière qui n'est pas toujours en harmonie avec le nom qu'elle porte, et que l'agriculture ne retire pas le moindre avantage de son existence.

La seule chose vraiment et incontestablement bonne qu'il y ait à faire, c'est de perfectionner le régime hypothécaire, non pas dans le but chimérique d'attirer vers l'agriculture de nombreux capitaux, qui ne voudront jamais aller de ce côté, mais dans le but, éminemment louable et bien plus pratique, d'y attirer l'épargne des campagnes, qui serait ainsi soustraite aux séductions de la Bourse. C'est ce qui a été excellemment démontré par M. Bonjean, dans le discours par lui prononcé au Sénat, dans la séance du 6 avril 1866.

« Il n'est pas de jour, disait M. Bonjean, qui ne voie éclore quelque nouveau projet de banque agricole. J'avoue que, si ingénieuses qu'elles puissent être sur le papier, ces combinaisons m'inspirent peu de confiance dans la pratique, et voici mes principales raisons :

« Les établissements de ce genre nécessitent tout un personnel de directeurs, caissiers, teneurs de livres, conseils du contentieux, agents et commis de toute nature, des frais de loyer et d'administration peu compatibles avec un *taux modéré* d'intérêt. Or, à la différence de l'industrie et du commerce, pour lesquels aucun taux n'est excessif, s'il est en rapport avec les profits illimités à retirer du capital emprunté, l'agriculture, dont les profits sont limités par la nature des choses, ne peut au contraire emprunter *utilement* qu'à un taux fort modéré. Or cet *intérêt modéré*, auquel elle a droit, puisque le gage qu'elle peut offrir à l'emprunteur serait, avec un bon système hypothécaire, la meilleure et la plus sûre de toutes les garanties, les capitaux des villes ne peuvent que rarement s'en contenter, parce que la vie, rendue chaque jour plus coûteuse, fait au citadin une nécessité de rechercher les placements à gros profits. C'est donc à l'épargne des campagnes qu'il faut s'adresser, et elle répondra à l'appel le jour où un bon système hypothécaire lui rendra la chose facile et sûre. »

Voilà le vrai côté par lequel il convient d'envisager la question hypothécaire. Mais avant de rechercher quelles sont les améliorations qu'il serait possible de réaliser, nous avons cru qu'il était indispensable de mettre en relief les différences profondes qui séparent la réforme hypothécaire et l'organisation du crédit foncier. Prétendre faire servir le régime hypothécaire au développement du crédit foncier, ou faire concourir les institutions de crédit foncier à la réforme hypothécaire, c'est se condamner à l'impuissance et décréter la confusion. Les dangers d'une telle confusion seraient incalculables. Le Code civil, qui fait notre force, risquerait de sombrer sous cette marée montante de banques, de comptoirs, de combinaisons de toutes sortes. Aussi, dans l'étude que nous allons faire, laisserons-nous de côté les conceptions utopiques des entrepreneurs de crédit foncier, et ne perdrons-nous jamais de vue que le but unique d'une loi hypothécaire doit être :

1° De donner pleine sécurité aux acquéreurs d'immeubles, sans chercher à rendre plus rapides les transmissions d'immeubles;

2° De donner aussi toute sécurité et toute garantie à ceux qui veulent placer leurs fonds sur hypothèque, sans chercher autrement à rendre plus nombreux et plus faciles les emprunts hypothécaires.

CHAPITRE DEUXIÈME.

NATURE DES INCONVÉNIENTS DU RÉGIME HYPOTHÉCAIRE ACTUEL.

I. — Incertitude des renseignements fournis par les registres hypothécaires.

1° *Incertitude quant à la désignation des personnes.* — Les imperfections du régime hypothécaire actuel se résument toutes dans l'*incertitude* des renseignements fournis par les registres de la conservation des hypothèques. Ces registres ont été institués pour donner au public des indications précises : 1° sur les immeubles qui sont hypothéqués; 2° sur les propriétaires de ces mêmes immeubles. Or tout le monde sait que les états délivrés par les conservateurs sont souvent fautifs sur ces deux points, sans qu'il y ait de leur faute. Il est vrai que souvent aussi ils sont d'une exactitude parfaite, et l'on peut dire que c'est là ce qui a lieu en règle générale ; mais comme celui qui va consulter les registres du conservateur ne peut savoir s'il se trouvera dans le cas de la règle générale ou dans le cas de l'exception, il en résulte que la rigoureuse exactitude de tous les certificats délivrés par les conservateurs des hypothèques peut être toujours suspectée, ce qui revient à dire que le régime actuel n'atteint pas le but pour lequel il a été organisé.

Voici comment M. Bonjean résumait les inconvénients de ce régime :

« J'ai à vérifier, disait-il, la situation hypothécaire d'un immeuble, soit pour l'acheter, soit pour faire un placement dont il doit être la garantie. Si je demande au conservateur l'état des hypothèques qui grèvent cet immeuble, il me dira : « Je ne puis répondre à la « question ainsi posée ; mes registres sont tenus par noms de *proprié-* « *taires*, non de *propriétés*. Indiquez-moi les noms des propriétaires et « je vous dirai les hypothèques consenties par chacun d'eux. » Il faut donc, continue M. Bonjean, que préalablement je recherche la série des propriétaires auxquels l'immeuble a successivement appartenu, en remontant aussi haut que possible, mais au moins à trente ou quarante ans dans le passé. Si j'en oublie un seul, je n'obtiendrai que des renseignements incomplets et trompeurs : car c'est celui-là peut-être qui aura grevé l'immeuble. Si je me trompe sur les noms, les prénoms, les professions, les domiciles ; si je prends le père pour le fils, l'oncle pour le neveu, ma recherche est vaine : car, trompé par une indication erronée, le conservateur ne donnera lui-même que des renseignements inexacts[1]. »

Voilà pour ce qui concerne l'*incertitude* provenant d'une erreur possible dans la désignation de la personne des propriétaires.

2° *Incertitude quant à la désignation des parcelles hypothéquées.* — Voici maintenant pour l'*incertitude* provenant d'une erreur dans la désignation des parcelles. Écoutons encore M. Bonjean :

« Une parcelle est vendue ; avant de payer, l'acheteur requiert l'état des inscriptions hypothécaires ; le conservateur prend une par-

---

[1] Discours précité, p. 41.

celle pour une autre, et délivre un certificat négatif. L'acquéreur paye; des créanciers hypothécaires surviennent; il est obligé de payer une seconde fois, et le conservateur est condamné à lui rembourser le prix, avec les frais du procès en première instance et en appel, entre toutes les parties, frais qui, pour le dire en passant, représentaient le quadruple de la valeur de la parcelle. Peu de temps après, ce même conservateur, ainsi payé pour être vigilant, prenant encore un immeuble pour un autre, commet une erreur en sens contraire : il délivre à l'acquéreur un certificat attestant l'existence de quatre hypothèques. Comme de raison, l'acquéreur refuse de payer et consigne son prix. Procès entre l'acquéreur, le vendeur, le conservateur et les quatre créanciers; les choses s'expliquent : l'immeuble vendu était parfaitement libre. Les hypothèques frappaient un immeuble semblable appartenant à un parent portant le même nom que le vendeur, et voilà notre conservateur condamné à indemniser le vendeur du préjudice que lui a fait éprouver le retard, de la différence entre le taux 5 pour 100 et celui que paye la caisse des consignations, et, comme de raison, aux frais. La parcelle était modique; le tout n'est allé qu'à 300 francs; mais les frais ont dépassé 1,500 francs[1]. »

Les faits de ce genre sont bien plus nombreux qu'on ne pense. Mais il est encore d'autres inconvénients résultant de la pratique actuelle, et que nous devons indiquer.

Un des principaux est le suivant, que nous avons pu souvent constater, et qui est bien réel, quoique peu senti par les créanciers qui en souffrent :

Le plus souvent, on se borne à désigner les immeubles sur lesquels une inscription hypothécaire est prise, par la dénomination générale du domaine situé dans telle commune, avec la formule banale : *consistant en maison d'habitation, prés, bois, vignes, pâturages,* etc. Les articles 2129 et 2148, § 5, n'exigent pas davantage. Or voici ce qui arrive :

Souvent le débiteur acquiert, postérieurement à la constitution d'une ou de deux hypothèques spéciales, des parcelles assez importantes qui étaient enclavées dans le domaine, ou bien ajoute au

[1] *Loco cit.,* p. 26.

domaine, pour l'arrondir, des parcelles contiguës. Il confère ensuite de nouvelles hypothèques sur le même domaine, et enfin l'expropriation arrive. Le domaine est vendu en bloc tel qu'il est composé au moment de la saisie, c'est-à-dire augmenté des parcelles acquises en dernier lieu. Un ordre s'ouvre pour la distribution du prix. Les acquisitions de parcelles faites postérieurement à la constitution des premières hypothèques sont le plus souvent inconnues, et le saisi, qui n'a aucun intérêt à fournir des renseignements précis, ne dit rien. En conséquence, il n'est fait aucune ventilation, et les créanciers dont l'hypothèque spéciale était antérieure à l'acquisition des parcelles dont il a été parlé sont alloués sur le prix afférant à la totalité de l'immeuble, au préjudice des créanciers postérieurs qui avaient un droit exclusif sur la portion du prix concernant ces mêmes parcelles. Il est certain que c'est là un résultat fâcheux au point de vue de la justice. Ce résultat tient, non pas à une erreur de désignation, soit quant aux personnes, soit quant à l'immeuble, mais à ce que les immeubles hypothéqués, au lieu d'être désignés par l'indication du numéro cadastral des parcelles diverses qui les constituent, le sont uniquement par la dénomination vague et générale du corps de domaine.

II. — Insuffisance des désignations contenues dans les actes concernant les transactions immobilières.

Les fâcheux résultats que nous venons de signaler sont encore aggravés par l'insuffisance des désignations d'immeubles dans les actes publics et privés constatant les transactions auxquelles ils peuvent donner lieu, et par le défaut d'harmonie entre les diverses dispositions de la loi qui ont pour objet de réglementer cette désignation. Un fait des plus curieux, qui s'est produit, il y a plus de quinze ans, dans le ressort d'un tribunal important, va nous montrer jusqu'où peut conduire l'application de textes qui n'ont pas été rédigés avec une suffisante unité de vues.

Un propriétaire possédait aux abords d'une grande ville une étendue considérable de terrain propre à bâtir, et qui se développait, sur une profondeur à peu près égale dans toutes ses parties, le long d'une rue nouvellement percée. Ce propriétaire est exproprié.

Mais déjà, antérieurement à la saisie, il avait divisé son terrain en quinze ou vingt lots, qui avaient tous été successivement vendus, et par actes séparés, à autant d'acquéreurs différents. En conséquence, les divers acquéreurs intervinrent dans la poursuite, et chacun d'eux demanda la distraction de la parcelle qu'il avait acquise.

Or, d'après l'article 726 du Code de procédure civile, la demande en distraction doit contenir l'énonciation des titres justificatifs, qu'il faut déposer au greffe; par conséquent, le tribunal n'accorde la distraction demandée que dans la limite résultant des titres produits. En fait, dans l'espèce, il fallait distraire de la saisie absolument tout ce que la saisie comprenait, puisque la totalité de l'immeuble saisi avait été antérieurement valablement aliénée.

Mais, d'un autre côté, d'après l'article 675 du Code de procédure civile, le procès-verbal de saisie doit contenir la copie de la matrice cadastrale pour chaque parcelle saisie et l'indication de la contenance pour chaque parcelle. Il est clair que la contenance indiquée ne peut être que celle portée dans l'extrait de la matrice cadastrale. Or la contenance de chaque lot, telle qu'elle était indiquée dans les divers contrats produits à l'appui des demandes en distraction, était notablement inférieure à la contenance révélée par la matrice cadastrale. De quel côté était l'erreur? Là n'est pas la question. Nous allons voir seulement quelles en furent les conséquences. Le poursuivant, déconcerté par ces demandes en distraction, ayant remarqué la différence dont nous venons de parler dans les contenances indiquées, fit son calcul; il trouva qu'en déduisant de la contenance générale, résultant pour toutes les parcelles réunies des indications fournies par la matrice cadastrale, le montant de toutes les contenances portées dans les actes de vente, il restait une différence assez forte, qui paraissait ne pas avoir été vendue; et comme les diverses ventes avaient eu lieu successivement en commençant par une extrémité du terrain saisi, il pensa que la portion non vendue devait se trouver à l'extrémité opposée, et, en conséquence, des placards annoncèrent la vente d'une quantité fixe de mètres carrés de terrain propre à bâtir, à prendre à telle extrémité d'un emplacement plus considérable, situé, etc. Ce terrain idéal fut adjugé moyennant le prix de 3 à 4,000 francs. Mais la difficulté fut pour l'adjudicataire de découvrir son lot ; il fut expulsé de toutes les parcelles où il voulut poser le pied, et enfin ne trouva pas de meilleur expédient pour mettre la main sur son immeuble que d'assigner en bornage tous les acquéreurs du saisi et leurs voisins immédiats. Celui qui écrit ces lignes fut chargé de représenter les défendeurs ; leur défense était facile : « Démontrez que vous êtes propriétaire d'un terrain contigu au nôtre, disaient-ils, et nous consentirons au bornage demandé... » L'affaire n'alla pas plus loin. Qui supporta les frais énormes occasionnés par cette singulière illusion ? Comment le poursuivant et l'adjudicataire s'arrangèrent-ils entre eux ? Peu importe. Mais ce qu'il importe de bien remarquer, ce sont les dispositions légales qui, par leur incohérence, ont rendu possible une pareille énormité.

Or voici d'où venait la confusion : en matière de ventes d'immeubles, la loi n'exige aucune précision particulière en ce qui touche la désignation de l'immeuble vendu ; elle s'en rapporte aux parties intéressées, qui donneront sur ce point des indications plus ou moins vagues. Le vague des désignations dans les actes de vente se retrouve dans les actes constitutifs d'hypothèque, dans les bordereaux d'inscription ; de sorte qu'il n'est pas toujours facile de déterminer exactement la consistance de l'immeuble vendu ou hypothéqué. Au contraire, en matière de saisie réelle, la loi est plus rigoureuse et exige des indications plus précises. En fait, les indications contenues dans un acte privé et les indications insérées dans un procès-verbal de saisie peuvent se rapporter à la même parcelle ; mais comme les éléments dont se composent ces énonciations ne sont pas les mêmes, il pourra s'élever souvent des difficultés dont celle qui vient d'être racontée présente, il faut le croire, l'expression la plus exagérée.

Que faudrait-il donc pour faire disparaître de telles défectuosités ? Il faudrait trouver un système qui aurait pour base un mode invariable, unique et certain de désignation pour tous les immeubles, et qui serait le même dans toutes les situations ; de plus un système qui rendrait impossible :

1° Toute erreur ou confusion dans la désignation des personnes ;

2° Toute erreur ou confusion dans la désignation des immeubles.

C'est ce système que nous allons nous efforcer de découvrir.

CHAPITRE TROISIÈME.

BASES NÉCESSAIRES DE TOUT SYSTÈME HYPOTHÉCAIRE.

I. — Indication générale.

Il ne suffit pas d'avoir nettement indiqué le vrai caractère des inconvénients que présente le mécanisme actuel de notre régime hypothécaire, pour avoir une notion suffisamment claire des améliorations qu'il serait possible d'y introduire. Il faut de plus écarter tout d'abord certains systèmes impraticables, qui ont été proposés, et dont le résultat le plus clair serait la désorganisation complète de nos services civils les plus importants, et, ce qui serait encore plus dangereux, l'affaiblissement graduel du sentiment de la *responsabilité personnelle,* qui forme la base la plus sûre de la liberté civile d'un peuple.

Aussi posons-nous avec la plus entière conviction les deux règles suivantes, que nous considérons comme fondamentales :

1° Il doit y avoir un bureau de conservation des hypothèques dans chaque ressort de tribunal civil de première instance, ni plus ni moins.

2° Les fonctionnaires chargés de la conservation des hypothèques ne doivent agir que sur la réquisition des particuliers, seuls responsables de leurs actes, et ne doivent prendre aucune espèce d'initiative en faveur des intérêts privés.

1ʳᵉ RÈGLE : Il doit y avoir un bureau de conservation des hypothèques dans chaque ressort de tribunal civil de première instance.

Examinons d'abord la première condition : il s'agit, en définitive, de savoir ce qu'il faut décider par rapport à la délimitation des circonscriptions hypothécaires.

Théoriquement, et si l'on n'examine les choses qu'à la superficie, on sera porté à trouver utile et même nécessaire de réduire l'étendue des circonscriptions hypothécaires, et par conséquent d'en augmenter le nombre. Il est certain, en effet, que la conservation des hypothèques serait rendue plus facile s'il y avait, par exemple, un bureau dans chaque canton, qui pourrait être réuni au bureau d'enregistrement, comme déjà cela existe dans quelques villes de médiocre importance. Les registres seraient ainsi mieux tenus; les erreurs de noms, de désignation des parcelles, etc. seraient plus faciles à éviter et surtout à rectifier. Enfin, la nécessité de réduire l'étendue des circonscriptions déjà existantes paraît manifeste dans toute organisation nouvelle qui aurait pour base la réunion du cadastre et de la conservation des hypothèques. Ces idées ont été développées avec une grande vigueur de raisonnement par un ancien directeur des domaines, M. Loreau, qui en 1841 a publié sur la question un ouvrage spécial[1]. M. Loreau proposait un système dont la base principale était la réunion, dans une administration unique, des services, aujourd'hui séparés, des contributions directes, de l'enregistrement, des hypothèques et du cadastre, combiné avec la création, dans chaque bureau de canton, d'un répertoire hypothécaire, devant présenter toutes les conditions de sûreté, avec une grande simplification dans les formalités à accomplir.

Le système de M. Loreau a obtenu quelques adhésions au sein des cours et des facultés de droit, surtout en ce qui touche l'établissement d'un bureau hypothécaire dans chaque canton[2]. Nous croyons cependant qu'il est radicalement impossible de réduire l'étendue des circonscriptions déjà existantes, et qu'un jour on sera, au contraire, forcé de les agrandir encore.

Il ne faut pas, en effet, perdre de vue que le fonctionnement du régime hypothécaire doit être mis en harmonie parfaite avec les divers rouages qui concourent à l'administration de la justice. A chaque instant, les avoués chargés des intérêts privés devant les

---

[1] *Du crédit foncier et des moyens de le fonder, ou création d'un système hypothécaire appuyé sur le cadastre, l'enregistrement des contrats et le revenu imposable de la propriété,* par M. Loreau, directeur des domaines. Paris, 1841.

[2] *Documents,* etc., t. I, p. 13, 15, 38-39, 59, 106, 115, 153, 154, 207, 228, 259-260, 340-342, 353, etc.

tribunaux de première instance ont besoin de recourir au bureau de la conservation des hypothèques :

1° Pour la transcription de la saisie et de l'exploit de dénonciation (art. 668, Code de procédure civile);

2° Pour la sommation aux créanciers inscrits d'avoir à prendre communication du cahier des charges (art. 692, Code de procédure civile);

3° Pour la mention de cette sommation en marge de la transcription (art. 693, Code de procédure civile);

4° Pour les diverses transcriptions ou radiations;

5° Pour connaître le premier créancier inscrit, dans le cas d'une demande en distraction (art. 625, Code de procédure civile);

6° Pour les notifications aux créanciers inscrits, dans le cas d'aliénation volontaire;

7° Pour les certificats à obtenir à suite de purges d'hypothèques légales dispensées d'inscription;

8° Pour les diverses sommations et notifications à faire en matière d'ordre, etc.

Il est donc indispensable, on le voit, qu'il y ait au chef-lieu de l'arrondissement judiciaire un bureau de la conservation des hypothèques, où se trouvent réunis tous les renseignements concernant la situation hypothécaire de l'arrondissement tout entier. Il serait impossible d'admettre que les avoués fussent obligés de réclamer, par voie de correspondance, des documents qui ne se trouveraient que dans les chefs-lieux des divers cantons ressortissant au tribunal auprès duquel ils exercent leur ministère. Autant vaudrait décider que le greffe d'un tribunal pourrait être établi ailleurs qu'au siége même du tribunal : l'inconvénient ne serait guère plus considérable. D'ailleurs le système dont nous parlons ne pourrait fonctionner qu'à la condition d'allonger encore les délais de procédure, qui cependant paraissent déjà trop longs; de grever le tarif déjà assez lourd de ports des pièces et correspondances; de subir des chances quotidiennes de pertes des pièces, ce qui pourrait engager à chaque instant la responsabilité de l'État; de bouleverser enfin tout notre Code de procédure.

Pour éviter toutes ces conséquences désastreuses, il faudrait

II.

établir un tribunal civil par canton, c'est-à-dire revenir autant que possible en arrière, ne plus tenir compte des nouvelles voies de communication, méconnaître les conditions nouvelles de la société, et aller, en un mot, au rebours du sens pratique, qui n'est autre que le sens commun. Or qui oserait proposer ouvertement l'établissement d'un tribunal civil dans chaque canton? Personne, assurément; cependant, alors que les uns proposent l'établissement d'un bureau hypothécaire par canton, d'autres proposent de transporter aux juges de paix certaines attributions qui ne peuvent appartenir qu'à des tribunaux d'arrondissement; ce qui revient absolument à établir un tribunal par canton, en supprimant la garantie résultant du nombre des juges. Ailleurs, on propose la formation de *conseils de cantons;* puis, la question venant à se généraliser, surgit le problème de la décentralisation, et, à l'aide d'une équivoque soigneusement entretenue entre la décentralisation administrative et la décentralisation politique, on arrive ainsi peu à peu à saper la base de notre société civile. Tout se tient, en effet, et les esprits clairvoyants doivent incessamment veiller sur ces atteintes portées sans relâche à nos institutions.

La vérité est que le nombre des tribunaux civils de première instance, bien loin d'être augmenté, devra être un jour forcément restreint, et que les attributions des juges de paix devront recevoir une certaine extension. Mais alors il ne faudra pas perdre de vue qu'il ne devra y avoir qu'un bureau hypothécaire par chaque nouvel arrondissement judiciaire, et il faudra veiller à ne donner aux juges de paix que des attributions n'exigeant pas le recours incessant au bureau hypothécaire; il serait absurde, en effet, d'autoriser devant les juges de paix des procédures qui ne pourraient marcher qu'à l'aide de documents centralisés au chef-lieu judiciaire. Et comme les tribunaux de première instance devront toujours avoir nécessairement une compétence territoriale, dont le cercle circonscrira la compétence plus restreinte des diverses justices de paix du ressort, il est manifeste qu'il ne devra y avoir qu'un bureau unique, toujours établi au chef-lieu. Car, s'il y en avait un par canton, il pourrait arriver que, pour certaines procédures à suivre devant le tribunal civil, il faudrait recourir aux bureaux de canton, ce qui serait absurde; et s'il ne doit y avoir qu'un bureau au chef-lieu, il faut éviter de donner aux juges de paix des attributions qui obligeraient les parties à recourir au chef-lieu. Nous n'avons pas besoin d'insister sur l'exactitude géométrique de cette observation.

Nous devons donc tenir pour certain que tout projet de réforme hypothécaire, si bien conçu qu'on veuille le supposer, mais qui ne pourrait fonctionner qu'en multipliant sur le territoire le nombre des bureaux de conservation hypothécaire, doit être, pour cela seul, énergiquement repoussé, sans autre examen.

2ᵉ RÈGLE : Les conservateurs d'hypothèques ne doivent agir que sur la réquisition des parties intéressées.

Examinons maintenant le deuxième principe que nous avons posé concernant le rôle à assigner aux conservateurs des hypothèques.

Il existe chez certains esprits une malheureuse tendance à affranchir l'individu du soin de ses affaires personnelles, de la responsabilité de ses propres actes. Plusieurs seraient heureux de trouver une combinaison qui transportât à une administration de l'État la sauvegarde des intérêts privés. Ainsi on a proposé de donner aux notaires, aux conservateurs des hypothèques, aux greffiers, aux receveurs de l'enregistrement, la mission de vérifier si les actes qu'ils rédigent ou qui leur sont soumis ne doivent pas être transcrits dans l'intérêt de quelques personnes, ou ne doivent pas servir de base à quelque inscription d'hypothèque. De sorte que les particuliers n'auraient, en quelque sorte, à s'occuper que de comparaître devant le notaire, ou d'obtenir un jugement. Tout le reste serait l'affaire d'officiers publics ou de fonctionnaires, dont il conviendrait seulement de régler convenablement les rapports. La machine hypothécaire, une fois bien montée, fonctionnerait ainsi toute seule et avec toute l'uniformité et la régularité désirables.

A notre avis, il est peu d'utopies aussi dangereuses que celle dont nous venons d'indiquer les principaux caractères. D'abord la question de savoir si tel acte doit ou ne doit pas être transcrit, doit ou ne doit pas servir de base à une inscription d'hypothèque, ne peut être tranchée que par suite d'une appréciation faite par l'intéressé lui-même. Confier à un fonctionnaire quelconque le soin d'une telle appréciation, c'est dénaturer le caractère des services publics; c'est vouloir faire du fonctionnaire un homme d'affaires. En second lieu, le fonctionnaire ainsi chargé d'apprécier, sous sa responsabilité, la force et les effets des actes privés, serait toujours porté, pour éviter les suites d'une erreur, à transcrire l'acte ou à inscrire une hypothèque : de là des abus incalculables. Mais c'est surtout au point de vue de son influence sur les habitudes civiles qu'un tel système serait néfaste. Le citoyen, ainsi dispensé, dans une certaine mesure, de la gestion de ses propres affaires, aspirerait peu à peu à en être complétement affranchi; le sentiment énergique de l'individualité serait bientôt émoussé chez lui, il serait de plus en plus porté à compter sur l'État plus que sur lui-même, et finirait peut-être par désirer la généralisation d'un système aussi protecteur. Ce système ne serait en réalité qu'un premier pas vers l'attribution à l'État de l'administration de toutes les fortunes. Aussi le repoussons-nous de toutes nos forces.

Il faut qu'un système hypothécaire ne puisse fonctionner que par l'initiative des particuliers. C'est aux intéressés à apprécier leurs titres comme ils le sauront; les conseils ne leur manqueront pas s'ils sont embarrassés. C'est à eux qu'il appartient de rédiger leurs réquisitions dans les termes qu'il leur plaira d'adopter, et de les adresser aux conservateurs des hypothèques : tant pis pour eux s'ils se trompent. Les conservateurs doivent se borner à recevoir les réquisitions et à y déférer, pourvu qu'elles se produisent dans la sphère tracée par la loi. Ils ne doivent avoir aucune appréciation à faire : on leur dit de transcrire, ils doivent transcrire; on leur dit d'inscrire une hypothèque, ils doivent inscrire une hypothèque; on leur réclame un état d'inscriptions, ils doivent le délivrer; mais toujours en se conformant aux termes de la réquisition qui leur a été faite, sans être tenus de procéder à aucune vérification, à aucun examen. En un mot, ce qu'on doit demander au conservateur, c'est un service purement matériel, et non intellectuel.

II. — Conclusion : tout système qui violerait l'une de ces deux règles doit être écarté.

Par conséquent, tout système qui méconnaîtrait ces vérités, et qui serait organisé de manière à fonctionner en quelque sorte tout seul, en dehors des parties, sans leur initiative, doit encore, pour cet unique motif, être rejeté sans autre examen, quelles que soient d'ailleurs sa simplicité apparente, l'économie et la célérité qu'il présenterait.

Il résulte des aperçus qui précèdent que le plus dangereux de tous les systèmes hypothécaires serait celui qui violerait en même temps les deux règles que nous venons de poser, qui exigerait par conséquent l'établissement d'un bureau hypothécaire par chaque canton, et qui attribuerait au conservateur l'initiative, sous sa responsabilité, de l'accomplissement des formalités hypothécaires. C'est là précisément le double caractère que présentent certaines innovations qui ont aujourd'hui encore beaucoup de partisans, et dont la base serait l'identification des fonctions de receveur de l'enregistrement et de conservateur des hypothèques. Chaque fois qu'un acte serait soumis à la formalité de l'enregistrement, le préposé de l'administration aurait à l'apprécier : 1° au point de vue de la perception de l'impôt, 2° au point de vue de l'accomplissement des formalités hypothécaires. Il y a longtemps cependant que l'administration de l'enregistrement, dans un mémoire produit dans l'enquête sur la réforme hypothécaire, mémoire qui est un vrai chef-d'œuvre de science administrative, de clarté et de bon sens, a démontré tout ce qu'il y a d'impraticable dans une pareille conception.

« On sait, disait l'administration de l'enregistrement, que l'appréciation du caractère des actes est la cause la plus ordinaire des discussions en matière d'enregistrement; à tout instant, les notaires et les receveurs sont divisés sur le point de savoir si tel acte est ou non translatif d'immeuble, si c'est un bail ou une cession d'usufruit, etc. Ces débats ont peu d'inconvénients quant à l'enregistrement, parce que la loi accorde aux receveurs l'initiative de la perception, et qu'il s'agit d'une formalité fiscale. Mais si l'inscription hypothécaire s'opérait en même temps que l'enregistrement, quel titre donner à l'acte dont le caractère serait controversé? Quelle qualification devrait l'emporter pour le classement dans les divisions du répertoire, ou de celle qui lui aurait été donnée par le notaire, ou de celle que le receveur-conservateur lui aurait attribuée pour la perception du droit d'enregistrement? Sous le régime actuel, aucune de ces difficultés ne peut se présenter, attendu que les parties sont seules juges de l'utilité et de l'opportunité des formalités hypothécaires, tout à fait indépendantes de l'enregistrement; que le conservateur obéit à leur réquisition sans en contrôler les motifs, sans s'occuper de la nature des actes qui sont portés sur son répertoire dans l'ordre chronologique[1]. »

Plus bas l'administration fait observer qu'on ne saurait tirer argument de ce que dans certaines villes les fonctions de receveur et de conservateur sont réunies dans la même main. Les deux fonctions sont en effet réunies, mais non identifiées et confondues; elles demeurent distinctes, séparées et indépendantes l'une de l'autre : « Receveur de l'enregistrement, le préposé opère comme tous les receveurs qui ne sont pas en même temps conservateurs des hypothèques; conservateur des hypothèques, il procède de la même manière que les conservateurs qui ne sont point receveurs de l'enregistrement[2]. »

CHAPITRE QUATRIÈME.
DE LA SPÉCIALITÉ ET DE LA GÉNÉRALITÉ DES HYPOTHÈQUES.

I. — Influence de la spécialité de l'hypothèque sur la désignation précise des immeubles hypothéqués.

Nous avons vu que presque toutes les défectuosités du régime hypothécaire actuel tiennent uniquement à la difficulté de bien distinguer les immeubles hypothéqués de ceux qui ne le sont pas. Or d'où provient cette difficulté? N'est-ce pas de la présence des hypothèques spéciales? Si toutes les hypothèques étaient ou pouvaient être générales, il y aurait une cause d'erreur, et la plus grave, qui serait radicalement supprimée. Jamais il ne pourrait y avoir de difficulté pour savoir si telle parcelle appartenant à un débiteur est grevée au profit de tel créancier ou ne l'est pas. Il n'y aurait pas lieu à ventilation du prix des immeubles, et rien ne serait

---

[1] *Documents*, etc., t. III, p. 537.
[2] *Documents*, etc., t. III, p. 537.

plus facile que de déterminer le rang de chaque créancier. Ces considérations sont assez puissantes pour nous engager à soumettre à un nouvel examen le principe de la spécialité des hypothèques, qui forme la base de notre système hypothécaire.

La notion de la spécialité est si fortement enracinée dans les esprits, qu'elle est en quelque sorte passée à l'état de dogme : aussi est-on facilement disposé à l'accepter sans discussion, et même sans réflexion. Voyons cependant quelle est sa véritable valeur.

II. — Appréciation critique des prétendus avantages de la spécialité :
1° Elle empêche le crédit du débiteur d'être épuisé par une seule hypothèque;
réfutation.

D'après M. Mourlon, qui reproduit sur ce point les idées de M. Troplong et les opinions généralement admises, les avantages de la spécialité sont au nombre de trois, ni plus ni moins :

« 1° Si l'hypothèque générale eût été permise, elle eût été très-souvent accordée par les débiteurs qui, presque toujours, subissent la loi des créanciers, en sorte qu'un seul emprunt eût ruiné le crédit de l'emprunteur. La spécialité favorise donc le crédit des débiteurs et, par suite, le crédit public.

« 2° La loi a voulu empêcher l'accumulation de plusieurs hypothèques sur le même immeuble : car plus il y a de créanciers en conflit, plus les ordres sont difficiles et dispendieux.

« 3° La spécialité favorise la publicité de l'hypothèque; elle est même un des éléments de cette publicité[1]. »

Tels sont les seuls motifs qui ont fait décréter la spécialité des hypothèques conventionnelles. Voyons s'ils présentent quelque chose de sérieux.

« Si l'hypothèque pouvait être générale, le crédit du débiteur pourrait être ruiné par un seul emprunt. »

Il est impossible de formuler une assertion plus inexacte. Remarquons d'abord qu'un propriétaire peut, d'un seul coup, hypothéquer spécialement tous les immeubles qu'il possède actuellement. Or, s'il n'acquiert plus tard aucun autre immeuble, il importe fort

---

[1] Mourlon, *Troisième examen*, p. 557, 4° édition.

peu que les immeubles qu'il possède déjà soient tous grevés en vertu d'une hypothèque appelée *générale* ou en vertu d'une hypothèque appelée *spéciale;* sa situation sera la même dans les deux cas, et les mots différents dont on pourra se servir n'auront pas la puissance de la modifier.

Supposons maintenant qu'après avoir hypothéqué spécialement tous ses immeubles actuels, le débiteur devienne propriétaire de nouveaux immeubles. Ce sera à titre onéreux ou à titre gratuit. S'il est devenu propriétaire à titre onéreux, il eût été plus sage de sa part d'employer son argent à désintéresser son créancier, à due concurrence, et à dégréver les biens qu'il possédait déjà; à moins qu'on admette qu'il a acheté à crédit, auquel cas l'immeuble n'est entré dans son patrimoine que grevé du privilége du vendeur. S'il a acquis à titre gratuit ou s'il a payé son acquisition, son crédit doit positivement augmenter, puisque les garanties qui avaient paru suffisantes au premier créancier sont augmentées de toute la valeur des nouveaux immeubles.

Mais, dit-on, s'il veut contracter un nouvel emprunt il ne le pourra pas, à cause de la première hypothèque, que l'on suppose générale. Et pourquoi ne le pourrait-il pas? Cela se voit tous les jours. Supposons une créance de 10,000 francs garantie par une hypothèque générale sur tous les biens présents et à venir d'un débiteur qui possède actuellement un immeuble de 200,000 francs. Cette hypothèque, qui est générale, ne nuira pas plus à son crédit que si elle était spéciale. Supposons, au contraire, que ce même débiteur ne possède actuellement qu'un immeuble de 15,000 francs, et que l'hypothèque qui le grève, au lieu d'être générale, soit spéciale. Cette hypothèque, quoique spéciale, absorbera son crédit ni plus ni moins que si elle était générale. La vérité est que le crédit d'un débiteur ne saurait être influencé en aucune façon par la généralité ou la spécialité des hypothèques. Le crédit a sa mesure dans la valeur actuelle des immeubles offerts en hypothèque comparée avec l'importance des créances déjà garanties par des hypothèques antérieures; peu importe que les hypothèques existant déjà soient générales ou spéciales. Ce ne sont pas les hypothèques générales qui nuisent au crédit, ce sont les hypothèques dont les causes sont inconnues et indéterminées. Qu'on ne dise pas que les créanciers abuseront de leur position pour arracher au débiteur des concessions d'hypothèque générale. D'abord, quand cela serait, le crédit du débiteur n'en souffrirait pas, et en second lieu cela existe déjà dans une certaine mesure, même avec la spécialité, puisque le débiteur peut hypothéquer d'un seul coup et spécialement tous les immeubles qu'il possède.

2° Elle empêche une trop grande accumulation de frais; réfutation.

« La loi a voulu, pour éviter les frais, empêcher l'accumulation de plusieurs hypothèques sur le même immeuble. »

Ce but est louable, mais il est chimérique, et la spécialité ne le rend pas plus facile à atteindre. Supposons qu'un domaine valant 200,000 francs soit grevé pour un capital de 100,000 francs représenté par dix hypothèques spéciales de 10,000 francs chacune, et qu'une parcelle de ce domaine soit aliénée moyennant 2,000 francs. Il est certain que, si les créanciers ne peuvent s'entendre, les frais d'ordre absorberont toute la valeur de la parcelle. La prohibition de consentir des hypothèques générales ne peut exercer aucune espèce d'influence sur un tel résultat. Ce résultat ne pourrait être évité que par la défense faite à tout débiteur dont les immeubles seraient grevés de plusieurs hypothèques de consentir des aliénations partielles : or il est impossible d'aller jusque-là. Mais tout cela prouve qu'il est dérisoire de prohiber la constitution conventionnelle d'hypothèques générales par des motifs aussi dénués de toute espèce de valeur, et qui de plus se contredisent l'un l'autre.

Remarquons en effet que le premier motif consistant à dire qu'une hypothèque générale ruinerait le crédit du débiteur, il devrait en résulter, s'il y avait dans cet aperçu quelque chose de sérieux, que la présence d'une hypothèque générale rendrait, sinon impossible, au moins fort difficile l'établissement de nouvelles hypothèques. Il faudrait donc reconnaître, d'après le premier motif, que la faculté de concéder des hypothèques générales « aurait au moins pour effet d'empêcher l'accumulation d'un trop grand nombre d'hypothèques sur le même immeuble. » Et voilà qu'on déclare maintenant, dans le second motif, que « la prohibition des hypothèques générales tient surtout à la nécessité d'empêcher cette accumulation d'hypothèques sur le même immeuble. » En vérité, il est difficile d'imaginer des doctrines plus incohérentes.

3° La spécialité facilite la publicité; réfutation.

« La spécialité favorise la publicité des hypothèques et est même un des éléments de cette publicité. » C'est précisément le contraire qui est vrai aujourd'hui; les principaux inconvénients du régime actuel ne viennent que de la spécialité, de la facilité de confondre les biens hypothéqués avec ceux qui ne le sont pas, et réciproquement. Dans le système actuel la spécialité n'est absolument d'aucun secours pour la sérieuse publicité des hypothèques, puisque le débiteur peut hypothéquer d'un seul coup, et cela se voit tous les jours, tous les immeubles qu'il possède actuellement dans la circonscription du bureau des hypothèques, et qu'alors l'hypothèque spéciale se comporte, en fait, comme si elle était générale.

Voilà donc à quoi se réduisent les motifs qui ont fait bannir de notre Code les hypothèques générales conventionnelles. N'est-il pas évident que se contenter de pareils motifs, c'est vouloir se payer de mots; et c'est ce qui arrivera toujours chaque fois que, dans une matière purement juridique, on se laissera influencer par des considérations prétendues économiques, et la cour de Nîmes en 1841 en a donné un exemple frappant. Plusieurs membres de cette cour avaient pensé, comme nous, que la prohibition des hypothèques générales n'était pas aussi bien justifiée qu'on le disait, et que la spécialité était loin de tenir ce qu'elle semblait promettre. Cependant la majorité de la cour, imbue des préjugés que nous avons déjà réfutés, pensa, au contraire :

« Que le principe de la spécialité de l'hypothèque conventionnelle était utile à maintenir; que la spécialité avait le double avantage de donner au créancier toutes les sûretés qu'il était en droit d'exiger, et de permettre au débiteur de conserver, par devers lui, libres et affranchies toutes les propriétés qui dépasseraient les sûretés nécessaires au prêteur; *que c'était là un résultat utile, non-seulement dans l'intérêt privé du débiteur, mais encore dans l'intérêt général*, DANS CELUI DE LA FORTUNE PUBLIQUE, QUI EST D'AUTANT PLUS GRANDE QU'IL Y A MOINS DE TERRES ASSERVIES ET GREVÉES D'HYPOTHÈQUES[1]... »

Cette dernière considération se retrouve au fond de toutes les dissertations qui ont pour but de célébrer les avantages de la spécialité. Or il n'est pas besoin d'un examen bien approfondi pour apercevoir la complète inanité d'une semblable opinion, qui commence par confondre l'étendue d'un passif avec l'étendue du gage qui en garantit le payement, ce qui est déjà une erreur; et qui semble croire qu'une hypothèque, parce qu'elle est générale, grèvera une surface nécessairement plus considérable qu'une autre hypothèque qui sera spéciale, ce qui est une nouvelle erreur; et qui, en définitive, aboutit à cette incroyable conclusion que *la fortune publique sera plus grande* si les terres sont grevées d'hypothèques spéciales, au lieu d'être grevées d'hypothèques générales, *le passif demeurant cependant toujours le même!*... »

III. — Avantage unique de la spécialité.

La vérité est que la spécialité ne peut procurer qu'un seul avantage, et nous ne voulons pas le méconnaître : celui de ne pas hypothéquer des immeubles trop considérables et libres pour un prêt de médiocre importance. Mais il faut remarquer que l'hypothèse n'est pas de nature à se présenter souvent : car elle suppose un grand propriétaire dont tous les immeubles sont libres et qui cependant, chose assez inexplicable, ne peut trouver une très-petite somme qu'en offrant une hypothèque. Si, au contraire, on suppose un petit propriétaire, il n'y aura pas pour lui de petite somme et il faudra qu'il donne hypothèque sur tous ses immeubles. Néanmoins nous admettons que, dans certains cas, le débiteur pourra avoir intérêt à n'hypothéquer spécialement qu'une partie déterminée de ses immeubles, et alors nous pensons qu'il devrait toujours pouvoir le faire : car notre point de départ, c'est la liberté des conventions, principe de pur droit civil, dont les doctrines économiques ont voulu mal à propos s'emparer d'une manière ex-

[1] *Documents*, etc., t. I, p. 68.

clusive, et si nous soutenons qu'il n'y a pas de raisons suffisantes pour déroger à ce principe en probibant les hypothèques générales, nous sommes conséquent avec nous-même en ne voulant pas proscrire davantage les hypothèques spéciales.

IV. — La prohibition générale de l'hypothèque conventionnelle résulte d'une confusion entre les moyens destinés à assurer la *publicité*, la *spécialité* des créances garanties par hypothèques et la *spécialité* des immeubles grevés.

Maintenant que nous avons démontré la futilité et l'incohérence des motifs qui ont fait proscrire l'hypothèque générale conventionnelle, nous sommes porté naturellement à nous demander comment il se fait que les hommes éminents qui ont rédigé le Code Napoléon aient pu se laisser déterminer par d'aussi vaines considérations.

Une étude approfondie des travaux préparatoires et de tout ce qui a été écrit sur la matière nous a donné la conviction que les rédacteurs du Code Napoléon avaient généralement en vue un système qui n'a pas été fidèlement reproduit dans les dispositions de loi qui furent adoptées en définitive.

D'abord le débat ne porta point principalement sur la question de savoir si les hypothèques conventionnelles devaient être spéciales ou pouvaient être générales. On agita uniquement le point de savoir si le Code civil devait ou non consacrer le principe de la publicité des hypothèques à l'aide d'une inscription. Quant à la spécialité, elle n'était envisagée que comme un moyen de publicité et pas du tout comme devant former la base du nouveau système hypothécaire. Voici en effet comment le problème était envisagé, à la fois, par les partisans de la publicité et par ceux qui tenaient à conserver les anciens usages :

L'hypothèque doit-elle être rendue publique au moyen d'une inscription? Si l'on adopte la nécessité de l'inscription, il faut nécessairement que l'inscription contienne : 1° la mention des causes de l'hypothèque; 2° l'indication des immeubles sur lesquels elle est prise; c'est-à-dire que l'hypothèque doit être spéciale. Donc la spécialité apparaît comme la conséquence naturelle et forcée de la publicité. Donc décréter la publicité, c'est en même temps décréter la spécialité de l'hypothèque.

Si l'on pense, au contraire, qu'il est bon de maintenir les anciens usages en vigueur avant la loi de brumaire, c'est-à-dire de conserver la clandestinité, il faut alors décider que toute hypothèque pourra être générale.

Voilà comment furent établis les points du débat qui s'éleva lors de la rédaction de notre Code civil. La question de la *spécialité* se présentait donc avec un caractère tout à fait secondaire, et était complétement absorbée dans la question plus générale de la *publicité*.

On sait que le principe de la *publicité*, quoique vivement combattu, triompha dans la discussion; il fut donc décidé que les hypothèques seraient *publiques,* et en même temps *spéciales,* sauf les exceptions ou modifications qu'il conviendrait d'admettre.

Or il faut remarquer que les membres de la commission chargée de préparer le Code civil, les membres du conseil d'État, le Premier Consul, en un mot tous ceux qui, à un titre quelconque, intervinrent dans les nombreuses discussions qui s'établirent, n'avaient de notions exactes et précises que sur la question de *publicité*. Mais le principe de la spécialité ne fut jamais nettement dégagé, et tous, aussi bien les partisans que les adversaires de la publicité, confondirent toujours la *spécialité* des causes de l'hypothèque, c'est-à-dire la détermination de la créance qu'il s'agissait de garantir, avec la *spécialité* ou détermination des immeubles considérés comme assise de l'hypothèque. Il suffit, pour s'en convaincre, de lire les travaux préparatoires. En effet, M. Bigot de Préameneu, organe des adversaires de la publicité, parlant des hypothèques légales, des hypothèques judiciaires et des hypothèques dérivant de créances indéterminées, disait :

« Il est bien évident que cette masse énorme d'hypothèques *ne peut pas se spécialiser,* puisqu'elles sont l'accessoire de créances dont il est impossible de fixer le montant avant l'événement qui les déterminera [1]. »

Chose remarquable ! on rencontre encore la même confusion d'idées après que le principe de la spécialité et de la publicité eut

[1] Maleville, *Analyse raisonnée,* t. IV, p. 194.

été adopté. Lorsqu'il fut, en effet, question de savoir si ce principe devrait être étendu aux hypothèques légales, on disait, d'après Maleville, pour soutenir la négative :

« Les inscriptions sont inutiles pour établir la publicité des hypothèques légales, puisque cette publicité existe par la notoriété du mariage et de la tutelle ; la *spécialité* est impossible, puisqu'il s'agit de droits qui ne sont pas encore fixés et qui peuvent naître d'événements postérieurs [1]. »

Il est donc sûr que les rédacteurs du Code Napoléon n'avaient pas des idées parfaitement nettes sur la *spécialité*, et que la spécialité qu'ils avaient en vue n'est pas précisément celle qui se trouve résulter des dispositions qu'ils ont adoptées ; la *spécialité quant aux immeubles* a été votée, en définitive, par des législateurs qui croyaient, pour la plupart, consacrer la *spécialité quant à la créance*; et cette observation nous conduit tout naturellement à parler maintenant d'une autre amélioration, qui devrait être le corollaire de la liberté de conférer des hypothèques générales.

V. — Nécessité de proscrire les hypothèques pour créances indéterminées.

Nous voulons parler précisément de la spécialité des créances. Nous avons vu que ce n'est pas la généralité de l'hypothèque qui peut être nuisible au crédit ; c'est seulement le vague et l'indétermination des causes de l'hypothèque : car, si nous considérons comme illusoires les prétendus avantages de la *spécialité* de l'hypothèque *quant aux immeubles,* il n'en est pas de même de la *spécialité quant à la créance,* et nous croyons que les hypothèques pour créances indéterminées sont le principal obstacle au développement naturel du crédit. Supposons, en effet, une hypothèque générale pour une créance indéterminée grevant les biens présents et à venir d'un débiteur possédant actuellement 200,000 francs d'immeubles. N'est-il pas vrai que, quelque restreinte que soit l'importance réelle de la créance, le crédit du débiteur pourra être totalement anéanti, et qu'il lui sera bien difficile, dans une telle position, de contracter un emprunt quelconque? Supposons, au

[1] Maleville, *loco cit.*, p. 231.

contraire, la situation demeurant d'ailleurs la même, que cette hypothèque générale, au lieu d'être indéterminée, soit d'une créance fixe de 10,000 francs, par exemple; il est manifeste que le débiteur trouvera encore facilement à emprunter, comme cela se voit tous les jours. Ce n'est donc pas, on ne saurait trop le répéter, la *généralité* de l'hypothèque qui nuit au crédit, mais seulement l'*indétermination* des causes de l'hypothèque. Que faudrait-il donc pour remédier aux dangers d'une telle situation?

Deux moyens se présentent :

1° Admettre la possibilité de la restriction des hypothèques quant aux immeubles;

2° Ordonner l'évaluation de toute créance indéterminée, quelle qu'en soit la cause.

Il est clair que ce dernier moyen est plus simple, et en rapport direct avec le but qu'il s'agit d'atteindre. Il suffirait donc d'ordonner que les causes des hypothèques générales seraient forcément évaluées et déterminées. Il faudrait, en un mot, proscrire toute hypothèque qui serait prise pour une créance indéterminée. Si les hypothèques pouvaient toujours être ainsi *spécialisées quant à leur cause,* il n'y aurait presque jamais intérêt à en obtenir la restriction *quant aux immeubles;* il y aurait, au contraire, intérêt à ce que cette restriction n'eût pas lieu.

Supposons, en effet, une hypothèque de 10,000 francs grevant plusieurs immeubles valant ensemble 200,000 francs; qu'arrivera-t-il si l'on veut procéder à la restriction de cette hypothèque? C'est qu'on la cantonnera sur une valeur d'environ 30,000 francs, et qu'on rendra libres 170,000 francs d'immeubles. Le propriétaire ne pourra plus désormais offrir comme gage sérieux d'un emprunt à contracter que ces 170,000 francs d'immeubles. Est-ce que le public n'était pas assez intelligent pour faire lui-même cette restriction? Bien mieux, cette restriction a diminué le crédit du débiteur : car les augmentations de valeurs, pour les immeubles, devant être, en temps ordinaire, considérées comme plus probables que les dépréciations, il est manifeste que, si la restriction n'avait pas été prononcée, le débiteur, en offrant un gage de 200,000 francs, grevé seulement d'une hypothèque pour 10,000 francs, aurait en réalité offert un gage d'une valeur d'environ 180 à 190,000 francs; tandis que, par l'effet de la restriction, il ne peut plus offrir qu'un gage de 170,000 francs.

Cette observation est si vraie, qu'elle a été présentée par le plus convaincu des partisans de la spécialité, par celui-là même qui fut leur organe. On disait, en effet, à M. Réal : « Votre spécialité n'est qu'une chimère, et elle n'aura jamais qu'une existence nominale : car les créanciers stipuleront toujours des hypothèques excessives quoique spéciales, et qui grèveront la totalité des biens du débiteur. » — « Cela est vrai, répondit M. Réal; *mais le débiteur ne sera cependant pas plus grevé, parce que l'excédant de valeur des immeubles affectés au delà de la première créance présentera toujours un gage qu'il pourra toujours offrir à des tiers, en cas de besoin*[1]. » La réponse était fort juste; mais M. Réal ne s'apercevait pas qu'elle pouvait être retournée pour détruire les objections formulées contre la *généralité* des hypothèques.

Par conséquent, si toutes les hypothèques eussent été forcément *spécialisées* quant à leur cause, il eût été inutile de s'occuper de leur restriction quant aux immeubles.

Mais les rédacteurs du Code Napoléon en ont décidé autrement. Ils n'ont exigé l'évaluation par le créancier des causes de l'hypothèque que lorsqu'il s'agirait d'hypothèque conventionnelle pour créance indéterminée. (Art. 2132, C. N.) Mais s'il s'agit d'inscrire une hypothèque légale ou judiciaire, l'évaluation de la créance indéterminée n'a pas été exigée. (Art. 2153, n° 3; 2146, n° 4.) Il est vrai que l'article 2163 permet, d'une manière générale, de réduire l'évaluation exagérée que le créancier aurait faite lui-même dans l'inscription, soit qu'il s'agisse d'une hypothèque conventionnelle, soit qu'il s'agisse d'une hypothèque légale ou judiciaire; mais comme l'évaluation n'est exigée que dans le cas d'hypothèque conventionnelle, il en résulte qu'elle n'est jamais faite dans les cas d'hypothèques légales et judiciaires, et que, par suite, la réduction quant aux créances n'a jamais lieu pour ces dernières hypothèques. C'est pour remplacer la réduction quant à la créance, jugée impossible

[1] Maleville, *Analyse raisonnée*, t. IV, p. 218.

à l'égard des hypothèques légales et judiciaires, qu'on a cru nécessaire d'admettre la restriction quant aux immeubles sur lesquels elles portent. Cette précision nous conduit à rechercher maintenant s'il y a des motifs sérieux pour conserver dans le Code des hypothèques pour cause indéterminée.

Nous pensons que le maintien dans le Code d'hypothèques pour cause indéterminée dont l'évaluation n'est pas exigée tient uniquement à un oubli du législateur, en ce qui touche les hypothèques judiciaires, et, en ce qui touche les hypothèques légales des femmes mariées, mineurs et interdits, à une appréciation inexacte de la nature des garanties particulières qui leur sont dues.

Étant admis que l'hypothèque constitue la garantie la plus sérieuse qui puisse être accordée à un créancier, voici comment se posait la question :

Convient-il que la loi accorde de plein droit aux incapables une hypothèque sur les biens du mari ou du tuteur?

Oui, évidemment.

Faut-il subordonner cette hypothèque à une inscription?

C'est selon; s'il est possible d'assurer la prise de l'inscription, il faut répondre : oui; dans le cas contraire, on peut répondre : non.

Tels sont les termes auxquels il faut nécessairement réduire la faveur accordée par la loi aux incapables. Or cette faveur est déjà assez grande; n'oublions pas qu'elle consiste dans l'attribution d'une hypothèque qui, sans la volonté de la loi, n'existerait pas; et, en second lieu, dans la dispense de rendre cette hypothèque publique par l'inscription, sauf pour quelques cas particuliers.

Mais convient-il d'aller encore plus loin, et de ruiner le crédit privé en tolérant que de pareilles hypothèques conservent des droits qui seraient laissés indéterminés? La négative ne saurait faire le moindre doute, alors surtout qu'il y a exagération évidente à considérer l'hypothèque légale comme une garantie nécessaire et absolue des droits des incapables. Si cela était vrai, en effet, il faudrait décider que les citoyens qui n'ont pas d'immeubles suffisants libres d'hypothèques seront exclus de la tutelle. Or cela ne se peut pas. Donc, pour le mineur, la garantie résultant de l'hypothèque légale n'est en fait qu'un accident. Il en est un peu de même pour

H.   3 la femme, si le mari n'a pas d'immeubles. Que l'on cesse donc de considérer l'hypothèque légale comme étant la garantie indispensable des droits des incapables. Et puisqu'un citoyen pourrait être tuteur sans avoir d'immeubles, quel inconvénient y aurait-il, quand il a des immeubles, à déterminer, *au regard des tiers*, l'importance des créances éventuelles garanties par l'hypothèque légale? La cour de Bastia disait avec infiniment de raison : « Il ne suffit pas que l'hypothèque légale perde son caractère tacite et occulte; si elle conservait son caractère indéterminé, l'inscription forcée ne serait que le véhicule d'une publicité équivoque et ferait planer sur les fortunes qu'elle grèverait des charges douteuses et d'une évaluation hérissée de difficultés[1]. »

VI. — Possibilité d'évaluer provisoirement toutes les créances indéterminées garanties par une hypothèque.

Il faudrait donc que toutes les hypothèques légales et judiciaires fussent, comme les autres, déterminées quant à leurs causes. La question est seulement de savoir si une telle détermination sera toujours possible. Il ne peut y avoir aucune difficulté pour les hypothèques judiciaires; quant aux hypothèques légales, il sera très-facile, quand on le voudra, d'organiser un moyen d'évaluation suffisant. Plusieurs systèmes ont été proposés à cet égard dans l'enquête de 1841; nous ne pouvons mieux faire que de renvoyer aux documents fournis par cette enquête[2]; nous dirons seulement que cette évaluation devra être faite dans le contrat de mariage, ou dans la délibération du conseil de famille relative à la nomination du subrogé tuteur.

Mais, pourrait-on objecter, la nécessité d'une évaluation ne se comprend que dans un système qui assujettirait les hypothèques légales à la nécessité d'une inscription : or elles sont dispensées d'inscription; donc à quoi servirait l'innovation proposée?

Il est facile de répondre : 1° que les hypothèques légales, quoique dispensées d'inscription pendant la durée du mariage ou de la tu-

[1] *Documents*, etc., t. II, p. 203.
[2] *Documents*, etc., t. II, p. 175, 225, 310, 313.

telle, sont, en fait, assez souvent inscrites par l'effet de procédures à fin de purge ou d'autres circonstances; 2° que l'inscription de ces hypothèques est rendue obligatoire, par la loi du 23 mars 1855, dans l'année qui suit la dissolution du mariage ou la cessation de la tutelle; 3° qu'à l'expiration de ce délai, l'hypothèque légale est subordonnée à une inscription ne produisant d'effet qu'à partir de sa date. Or si, dans tous ces cas, et ils sont extrêmement fréquents, il peut y avoir inscription d'une hypothèque indéterminée, le crédit immobilier peut en recevoir une atteinte fâcheuse. Par conséquent, même dans un système où les hypothèques légales sont dispensées d'inscription pendant la durée du mariage ou de la tutelle, il y a intérêt à exiger l'évaluation de leurs causes pour le cas où, en fait, elles seraient inscrites.

VII. — Conclusion.

Si l'on se décidait à adopter la *généralité* comme base du système hypothécaire, il ne faudrait pas pour cela, ainsi que nous l'avons déjà dit, proscrire les hypothèques spéciales : car ce serait porter atteinte, sans motif, à la liberté du consentement. Le droit de constituer des hypothèques spéciales devrait donc être maintenu; seulement il résulterait de cette organisation nouvelle la nécessité, pour le conservateur, de tenir deux registres : 1° celui des hypothèques générales; 2° celui des hypothèques spéciales, qui serait aussi consacré aux priviléges spéciaux.

Il ne faudrait pas voir dans ces deux registres une complication fâcheuse, une accumulation nouvelle d'écritures; ce serait tout simplement une distribution méthodique des écritures qui existent déjà aujourd'hui.

En adoptant le principe de la généralité, on supprimerait la cause d'un grand nombre de difficultés; mais on ne les ferait pas disparaître totalement, puisqu'il y aurait encore des hypothèques spéciales. Il ne faut pas, en effet, perdre de vue que nos efforts tendent uniquement à démontrer qu'il n'y avait pas de motifs suffisants pour défendre l'établissement par convention d'hypothèques générales, et qu'une telle prohibition était plutôt nuisible que profitable au crédit. Nous voudrions donc seulement qu'une liberté complète fût laissée aux parties à cet égard, et il nous paraît certain que le crédit ne pourrait qu'en être heureusement influencé.

Parmi les considérations que nous avons fait valoir à l'appui de notre thèse, il en est certainement quelques-unes qui ne sont pas complétement neuves; mais, pour avoir déjà été produites, elles n'ont rien perdu de leur valeur; les conditions économiques nouvelles leur ont même donné une importance particulière qu'elles n'avaient pas autrefois. Quant aux prétendues raisons toujours alléguées par les défenseurs quand même de la *spécialité pure,* elles ne sont pas nouvelles non plus; mais le temps, bien loin de leur donner une valeur qu'elles n'ont jamais eue, n'a fait que mettre davantage en relief leur parfaite vanité.

Quoi qu'il en soit, la première partie d'une réforme à accomplir pourrait consister, d'après nous, dans la permission donnée aux parties d'accorder des hypothèques générales; la seconde partie de cette réforme consisterait à organiser sérieusement pour les hypothèques spéciales la *spécialité,* qui, aujourd'hui, n'est qu'un vain mot. C'est à ce second point de vue que nous allons maintenant étudier la question de la réforme hypothécaire.

CHAPITRE CINQUIÈME.

DE L'APPLICATION DU CADASTRE À LA RÉFORME HYPOTHÉCAIRE.

I. — La spécialité actuelle est illusoire et ne correspond à rien de sérieux dans la pratique.

« La spécialité, disait la cour de Douai, est bien moins une des bases du régime hypothécaire qu'un complément de la publicité dans certains cas déterminés [1]. » Rien de plus vrai que cette appréciation du but que la spécialité est destinée à atteindre. Mais malheureusement les rédacteurs du Code Napoléon, qui ont souvent confondu la *spécialité* de l'hypothèque *quant aux immeubles* avec la *spécialité* ou la détermination de la *créance garantie,* ont tout à fait négligé d'organiser la spécialité, qui n'est devenue, dans l'économie de la loi, qu'un mot ne correspondant à aucune réalité.

---

[1] *Documents,* etc., t. I, p. 37.

En effet, en ce qui concerne d'abord les priviléges spéciaux sur les immeubles, la loi ne trace aucune règle particulière pour l'exacte et rigoureuse désignation des immeubles qui en sont grevés, soit qu'il s'agisse des actes d'où peuvent résulter les priviléges, soit qu'il s'agisse de l'inscription de ces priviléges eux-mêmes.

En ce qui touche les hypothèques, la loi exige seulement la mention, dans l'acte constitutif d'hypothèque, *de la nature et de la situation de chacun des immeubles appartenant actuellement au débiteur.* (Art. 2129.) Quant à l'inscription, elle est valable pourvu qu'elle désigne seulement *l'espèce et la situation des biens hypothéqués.* (Art. 2148, n° 5.)

On voit tout de suite qu'une spécialité qui se traduit dans la pratique par des indications aussi vagues n'est qu'une *spécialité illusoire,* et que, bien loin d'être un instrument, un moyen de publicité, elle rend complétement inefficace la publicité qu'on se propose d'obtenir. Joignons à cela les équivoques possibles sur les noms des débiteurs et l'identité des immeubles, et l'on comprendra combien est défectueux le système actuel, reposant sur de telles bases.

II. — La réunion du cadastre à la conservation des hypothèques donnerait-elle à la spécialité ce qui lui manque?

On a cru trouver le remède à cet état de choses dans la réunion du cadastre à la conservation des hypothèques.

« Transportons-nous, disait M. Bonjean, dans l'un de ces pays où la conservation du cadastre est unie à celle des hypothèques, en Hollande, par exemple, et voyons comment les choses s'y passent. Là un compte est ouvert, non, comme chez nous, aux personnes changeantes et variables des propriétaires, mais à chaque propriété désignée par son numéro cadastral ; on y réunit tous les éléments qui fixent la situation hypothécaire de cette parcelle. Pour être complétement renseigné, il me suffit d'indiquer au conservateur le numéro de la parcelle qui m'intéresse. Le conservateur, de son côté, n'est pas obligé de fouiller de nombreux registres ; il ouvre son registre au folio consacré à la parcelle indiquée, et, à l'instant même, sans peine, sans danger de se tromper, il me délivre, pour une modique rétribution, un état qui m'apprend tout ce que j'ai intérêt à savoir : la contenance de la parcelle, sa nature, le revenu imposable, l'impôt qu'elle a à payer, la série complète de tous les propriétaires auxquels la parcelle a successivement appartenu et les hypothèques dont elle a été grevée du chef de chacun d'eux [1]. »

Un tel système, quoique fort séduisant au premier abord, ne paraît pas praticable en France :

1° Parce qu'il suppose la propriété organisée sur des bases qui ne seraient plus acceptables chez nous ;

2° Parce que les parcelles cadastrales en France sont trop petites et, par suite, trop nombreuses ;

3° Parce que les parcelles en France sont, à chaque instant, malgré leur médiocre étendue, divisées et subdivisées pour se réunir à des parcelles voisines.

Nous allons développer successivement chacun de ces trois motifs.

1° Organisation actuelle de la propriété en France.

L'application du cadastre au fonctionnement du régime hypothécaire, par la réunion de la conservation du cadastre à celle des hypothèques, est impraticable, parce qu'elle suppose une organisation inacceptable de la propriété. Ce point a été parfaitement mis en lumière par l'administration de l'enregistrement.

« Le cadastre, disait-elle, n'a été entrepris que pour assurer l'égalité proportionnelle dans la répartition de l'impôt foncier... Ainsi, de deux choses l'une : ou l'on entend conserver au cadastre sa nature purement administrative, et alors il est impossible de l'adopter pour base du régime hypothécaire, qui doit reposer essentiellement sur des titres authentiques ; ou l'on veut fonder le régime hypothécaire sur l'authenticité du cadastre, et alors la base elle-même est à réformer. Il est vrai que, dans quelques pays, notamment en Allemagne, le régime hypothécaire a pour fondement l'immatricule des propriétés foncières dans des livres publics ; mais

---

[1] Discours précité, p. 43.

d'abord, d'après le principe du régime allemand, l'inscription sur les registres hypothécaires ou fonciers constitue légalement le droit de propriété; tout individu inscrit sur les registres est de droit propriétaire, et ce droit cesse par la substitution d'un autre nom à la place du sien. Par une conséquence nécessaire de ce principe, l'inscription du nom d'un particulier, soit comme propriétaire, soit même comme créancier, est un acte de l'autorité publique; elle s'opère en vertu d'une décision de magistrats investis d'une juridiction spéciale et chargés de recevoir le consentement des parties, de vérifier les droits de propriété, de s'assurer de la légitimité de la dette, de la capacité du débiteur, etc. Pour transporter ce régime en France, il faudrait donc non-seulement recommencer les opérations cadastrales pour qu'elles puissent servir de point de départ à la constitution légale de la propriété, non-seulement changer radicalement le système hypothécaire; il faudrait en outre introduire dans les lois civiles et de procédure d'importantes modifications, particulièrement en matière de possession et de prescription; il serait nécessaire enfin d'instituer une magistrature hypothécaire : car les conservateurs actuels sont de simples préposés dont les fonctions se bornent, quand il s'agit d'inscription ou de transcription, à copier les bordereaux de créance ou les actes de mutation. Sous un point de vue plus général encore, on peut ajouter que les principes qui régissent la propriété en Allemagne font des transmissions d'immeubles une affaire de la communauté civile, qui préside pour les consacrer à tous les actes des propriétaires, tandis qu'en France ces transmissions sont laissées dans le domaine de la liberté individuelle, et l'autorité publique n'intervient que pour assurer les effets des conventions privées[1]. »

Aussi le système le plus inadmissible serait celui qui tendrait à faire du cadastre *le titre universel de toutes les propriétés;* il résulterait d'un tel système :

Que les transmissions de propriété, ou constitutions d'un droit réel, exigeraient forcément l'intervention de la justice ou d'un fonctionnaire public;

[1] *Documents,* etc., t. III, p. 154, 155.

Que la liberté des transactions serait à chaque instant paralysée par des entraves que notre époque ne voudrait pas tolérer;

Que peu à peu l'autorité civile ou judiciaire se considérerait ou serait considérée par le vulgaire comme conférant l'investiture du droit de propriété;

Que l'on arriverait ainsi, sans s'en douter, et en suivant la pente naturelle de l'institution, à rétablir des formalités analogues à l'ancien *ensaisinement,* au *devest* et au *vest;*

Que la notion du droit individuel de propriété, indépendant de toute ingérance de l'État, finirait par s'altérer, et alors qui peut prévoir les conséquences finales d'un tel système?

On dit que ce système existe ailleurs. Cela est vrai; mais il faut remarquer qu'il n'existe d'une manière complète que dans les pays qui se débattent encore dans les liens de la féodalité. Dans un pays comme la France il serait un anachronisme, et, entre des mains habiles et intéressées, il pourrait facilement aboutir à une lente reconstitution des vieux principes féodaux.

Mais quand même il serait facile de faire disparaître tous les dangers que nous venons de signaler; quand même on pourrait purger ce système de tout ce qui rappelle l'ancien régime, il devrait encore être repoussé pour les autres motifs qu'il nous reste à examiner.

2° Morcellement du sol.

Un tel système est impossible, parce que les parcelles cadastrales en France sont trop petites et, par suite, trop nombreuses.

Ce système, ne l'oublions pas, fonctionne à l'aide d'un registre des parcelles, et il suffit pour être renseigné d'indiquer au conservateur le numéro de la parcelle dont on veut connaître la situation hypothécaire. Cela pouvait paraître praticable en Hollande, parce que le cadastre n'a pas été fait dans ce pays comme chez nous. En Hollande chaque parcelle est fort importante, et même on peut dire que chaque exploitation distincte constitue une parcelle dans le cadastre de ce pays, de sorte qu'une hypothèque, quoique ne grevant qu'une, deux ou trois parcelles, peut porter en réalité sur une contenance très-considérable. En France, au contraire, les

parcelles sont beaucoup plus petites; le sol entier se trouve découpé en plus de *43,000,000 de parcelles*, dont il faut, par conséquent, un certain nombre pour constituer une exploitation même
de médiocre importance.

Cela posé, et en admettant le régime hollandais fonctionnant
en France, voyons comment fera celui qui a intérêt à connaître la
situation hypothécaire d'un immeuble. Il désignera au conservateur le numéro cadastral de la parcelle ou des parcelles composant
cet immeuble. Mais comment connaîtra-t-il officiellement le numéro
de cette parcelle? Ne faudra-t-il pas qu'il aille, pour le connaître,
demander au directeur des contributions directes l'extrait de la
matrice cadastrale concernant le *folio*, pour telle commune, de tel
propriétaire désigné? Et si ce dernier n'est pas chargé, ou ne l'a été
que d'une manière incomplète, qu'arrivera-t-il? Il pourra arriver
que l'extrait délivré par le directeur ne contienne pas précisément
les numéros des parcelles dont il y avait intérêt à connaître la
situation. Mais supposons que la mutation ait été régulièrement
opérée; alors le directeur des contributions directes délivrera un
extrait contenant l'indication de toutes les parcelles portées au *folio*
du propriétaire désigné; cet extrait sera remis au conservateur des
hypothèques, à qui l'on demandera de fournir les renseignements
voulus. En Hollande cela pourra se faire sans trop de frais, parce
que chaque parcelle étant assez considérable, il y aura à peine quelques parcelles pour chaque exploitation un peu importante. Mais
en France il en est autrement: tel domaine qui en Hollande serait
découpé en quatre parcelles cadastrales pourra se trouver découpé
en France en cent cinquante parcelles. Or il faudra que le conservateur délivre un état qui indique pour chaque parcelle indi-
viduellement considérée tous les renseignements nécessaires pour
éclaircir sa situation hypothécaire. On voit tout de suite combien
cet état sera surchargé et coûteux. Une inscription qui, dans le système actuel, ne donnerait lieu qu'à la perception d'un salaire de
1 franc pour le conservateur devrait, avec le système hollandais, se
décomposer, dans l'état des inscriptions, en autant d'inscriptions
particulières qu'il y aurait de parcelles; elle serait répétée autant
de fois qu'il y aurait de parcelles, et, par conséquent, donnerait

ouverture à autant de salaires distincts. Remarquons enfin que le même inconvénient se produirait lorsqu'il s'agirait de faire inscrire une hypothèque : il faudrait répéter l'inscription sur chaque parcelle, et payer autant de salaires. On voit donc pourquoi un système que l'on dit fonctionner en Hollande ne peut pas fonctionner en France.

3° Changements incessants dans la configuration des parcelles.

Enfin, quand même les impossibilités déjà signalées n'existeraient pas, la division et la subdivision incessantes des parcelles mettent obstacle à l'application du cadastre au régime hypothécaire. Ainsi, par exemple, soit la parcelle 250 de la section J de telle commune. Hier elle appartenait à Primus; aujourd'hui elle peut se trouver divisée entre Secundus et Tertius; demain, la portion de Tertius seul peut se trouver elle-même subdivisée entre Quartus et Quintus. Ces divisions et subdivisions d'une même parcelle et de ses parties peuvent aller fort loin malgré le peu d'étendue de la parcelle. Une parcelle, déjà très-petite, peut se trouver successivement divisée entre sept ou huit propriétaires circonvoisins, qui trouvent ainsi le moyen d'arrondir un champ, un enclos, etc. Or supposons que tous ceux qui ont acquis une fraction de la parcelle 150 dont nous avons parlé se fassent charger; il faut savoir qu'en pareil cas la mutation faite sur le *folio* mentionne seulement que désormais la parcelle dont il s'agit appartient *pour partie* à tel propriétaire désigné, ce qui est exprimé par la lettre P, qui suit le numéro de la parcelle; mais rien n'indique la situation de cette partie, si elle est au nord ou au midi de la parcelle, etc. Par conséquent, dans l'espèce ci-dessus, Secundus, Tertius, Quartus et Quintus seront chargés chacun de la parcelle 150 P, sans que l'inspection des divers *folios* permette de distinguer *la partie* de l'un de *la partie* de l'autre.

Cela étant, qu'arrivera-t-il si je demande l'état hypothécaire de cette parcelle? Supposons que les registres d'hypothèques soient tenus par numéros de parcelles et que je ne m'intéresse qu'à la fraction appartenant à Secundus. Si je veux être renseigné sur ce point, il faudra que je demande un état sur la parcelle entière, et l'on me délivrera un état qui comprendra les inscriptions existant du chef de tous les détenteurs actuels d'une fraction quelconque de cette parcelle. Si l'on organise la manutention des registres de manière à me permettre de réclamer un état sur la parcelle 150 seulement *pour la partie* possédée actuellement par Secundus, alors il faudra abandonner les registres par numéros de parcelles et conserver les registres par noms de débiteurs, c'est-à-dire abandonner la base même du système.

Mais, dira-t-on, ce système fonctionne cependant en Hollande et, dans une certaine mesure, à Genève. Cela est tout à fait inexact pour la Hollande; — en Hollande, ce système est à l'état de lettre morte, ou peu s'en faut. Les impossibilités que nous venons de signaler n'ont pas permis qu'il fonctionnât; aussi est-il à peu près abandonné dans la pratique, et l'on s'occupe de l'élaboration d'une loi nouvelle, qui a pour objet le rétablissement des choses dans leur ancien état, sur la base d'une séparation complète entre le cadastre et la conservation hypothécaire. — Quant à Genève, il faut observer que son territoire se réduit à la ville et à une banlieue insignifiante; il en résulte que la généralité des parcelles est composée de maisons, que, par suite, elles sont à peu près invariables, et que, dès lors, il est très-facile de toujours tenir le cadastre en harmonie avec les mutations de propriété.

Tels sont les divers motifs qui nous font considérer comme impraticables en France les systèmes fonctionnant en pays étranger, et ayant pour base la réunion de la conservation du cadastre à celle des hypothèques.

Il convient encore de faire remarquer, à titre de simple considération, qu'un tel système suppose qu'il n'existe point d'hypothèques *générales*, et que toutes les hypothèques sont forcément et ne peuvent être que *spéciales*. Une hypothèque est en effet *générale* précisément parce qu'elle existe indépendamment de toute désignation *parcellaire*, et qu'elle frappe toutes les parcelles qui actuellement appartiennent au débiteur, sans qu'il soit nécessaire de les connaître et par conséquent de les désigner, et, de plus, toutes les parcelles quelconques dont pourra se trouver augmenté à l'avenir, n'importe pour quelle cause, le patrimoine du débiteur. Or, si une hypothèque ne peut être inscrite qu'au compte de telle parcelle spécialement déterminée, l'hypothèque générale est forcément détruite, à moins que, pour cette dernière, on ne veuille conserver, à côté du registre des parcelles, un registre alphabétique des débiteurs à la charge desquels il existera des hypothèques générales ; ou qu'on veuille décider qu'une hypothèque, générale d'après son titre, ne pourra en fait être inscrite que sur des parcelles spécialement désignées.

On voit donc que l'application du cadastre au régime hypothécaire exigerait la suppression des hypothèques générales, ou tout au moins en dénaturerait le caractère.

III. — Genre d'utilité que peut procurer le cadastre.

Mais est-ce à dire pour cela qu'on ne puisse tirer aucun profit de notre cadastre pour l'amélioration du régime hypothécaire actuel ? Loin de là ; seulement, il ne faut demander au cadastre que ce qu'il peut donner. Or on lui demande de devenir : 1° le titré de toutes les propriétés ; 2° le miroir reproduisant d'une manière instantanée toutes les mutations. Cela est manifestement impossible, et cela demeurerait impossible quand même tous les renseignements qu'est censé fournir le cadastre seraient toujours d'une exactitude parfaite. Or on sait qu'il n'y a rien de plus incertain que les énonciations cadastrales, soit quant à la nature des parcelles et à leur contenance, soit quant au nom des propriétaires. Il est donc impossible d'utiliser en aucune façon le cadastre quant aux indications qu'il présente.

Mais le cadastre, considéré uniquement comme une opération ayant eu pour résultat de découper le sol de toutes les communes de France en un certain nombre de parcelles ayant chacune un numéro distinctif, peut au contraire être d'un puissant secours ; il peut, à ce point de vue, fournir le moyen de désigner avec impossibilité de confusion les parcelles hypothéquées.

Nous ne voulons donc emprunter au cadastre que le numéro parcellaire, et cet emprunt unique, utilisé convenablement, peut réaliser d'après nous la réforme hypothécaire.

Étant donnée une parcelle portant par exemple le numéro 150

de la section J d'une commune, peu importe qu'elle ait ou qu'elle n'ait pas la contenance indiquée dans la matrice cadastrale, qu'elle ne présente pas la culture désignée, etc.; cela sera tout à fait indifférent. L'essentiel c'est qu'elle porte le numéro 150, et qu'on ne puisse jamais la confondre avec les numéros voisins, quoique les parcelles voisines puissent être en fait désignées dans la localité par le même nom, et qu'elles soient possédées par un homonyme.

IV. — L'indication du *numéro cadastral* des diverses parcelles dans tous les actes intéressant la propriété immobilière peut constituer une réforme suffisante.

Il faudrait donc décider que toute inscription d'hypothèque spéciale devrait contenir l'indication du numéro cadastral de toutes les parcelles hypothéquées, et ne produirait aucun effet quant aux parcelles dont les numéros ne seraient pas reproduits.

Mais il faudrait de plus mettre en harmonie avec cette prescription les diverses dispositions de loi relatives à la désignation des biens et droits susceptibles d'hypothèques.

Ainsi il faudrait exiger la mention sous peine d'amende, dans tout acte constitutif ou translatif de droit réel, du numéro cadastral de chacune des parcelles y désignées. L'amende devrait être perçue lors de l'enregistrement de la minute ou de l'original sous seing privé.

Il faudrait décider de plus que le receveur de l'enregistrement ne pourra remettre aux parties l'acte irrégulier qui lui aurait été soumis, que moyennant la représentation qui lui serait faite d'un extrait de la matrice cadastrale, ou d'une expédition d'un acte authentique se référant aux mêmes immeubles, et qui lui indiquerait les numéros de chaque parcelle. Alors le receveur, en relatant en marge ou au bas de l'acte la mention de l'enregistrement et de l'amende, serait tenu d'indiquer que les parcelles dont il est parlé dans l'acte portent les numéros tels ou tels de la matrice cadastrale de telle section de telle commune.

De cette façon, les jugements et actes contiendraient toujours les numéros des parcelles; et si, pour une cause quelconque, ces numéros avaient été omis dans le corps même de l'acte, on les retrouverait toujours dans la mention de l'enregistrement. Ces numéros seraient reproduits dans les inscriptions hypothécaires, ils devraient être indiqués dans toutes les réquisitions adressées au bureau des hypothèques, et il suffirait de l'observation rigoureuse d'une telle disposition pour rendre impossible toute confusion entre les parcelles. Or l'impossibilité de confondre les parcelles entraîne comme conséquence rigoureuse l'impossibilité de confondre les personnes.

Supposons en effet que l'on réclame un état des inscriptions grevant les maison, champ et vigne situés dans telle commune et appartenant à Jean-Pierre. S'il y a dans la commune deux propriétaires ayant le même nom et ayant chacun une maison, un champ et une vigne, le conservateur pourra aisément se tromper; mais si la réquisition contient le numéro cadastral de la maison, du champ et de la vigne, le conservateur sera éclairé par les numéros, qui ne peuvent convenir à d'autres parcelles et qui seront reproduits dans la teneur des inscriptions; il ne pourra donc pas confondre les parcelles, et, par suite, il ne pourra pas prendre un propriétaire pour un autre.

Le système qui aurait pour base l'indication généralisée des numéros parcellaires nous dispenserait donc de recourir à l'utopie dangereuse qui consisterait à remplacer les registres alphabétiques, tenus par noms des débiteurs, au moyen de registres impersonnels de parcelles, où serait ouvert un compte à chaque parcelle.

Nous devons cependant reconnaître que les améliorations pratiques résultant de l'indication des numéros parcellaires ne se feront pas sentir de la même manière à l'égard des hypothèques générales; que, pour ces dernières, les chances d'erreurs ne seront pas détruites, et qu'il sera toujours possible de prendre un débiteur pour un autre. Mais il ne peut pas en être autrement, à moins qu'on ne veuille supprimer tout à fait les hypothèques générales.

Nous avons déjà fait observer que, même dans le cas où l'on voudrait adopter un régime ayant pour base des registres de parcelles où un compte serait ouvert à chaque parcelle, il serait toujours impossible d'appliquer un tel régime aux hypothèques générales, qui ne peuvent fonctionner qu'à l'aide de registres tenus d'après les noms des débiteurs. Un registre des parcelles ne peut se prêter qu'à l'inscription d'hypothèques spécialisées quant aux parcelles, et non à l'inscription d'hypothèques générales frappant toutes les parcelles quelconques appartenant actuellement au débiteur ou pouvant lui appartenir dans la suite.

Ainsi donc il faudrait supprimer les hypothèques générales si l'on voulait faire une application exclusive du registre par parcelles.

Mais, ce qui est plus pratique, si l'on veut laisser subsister les hypothèques générales à côté des hypothèques spéciales, il est manifeste que les moyens employés pour éviter une confusion quelconque dans les parcelles spécialement hypothéquées ne serviront absolument de rien pour éviter la confusion dans les personnes. Un tel résultat ne doit pas surprendre : l'hypothèque générale et l'hypothèque spéciale, envisagées *au point de vue de la désignation des immeubles,* sont en parfaite antinomie. Il n'est donc pas possible de trouver une solution qui donne également satisfaction à des exigences contraires. Ce point est d'une telle évidence qu'il est inutile d'y insister.

Donc, si l'on veut maintenir l'existence simultanée des hypothèques générales et des hypothèques spéciales, le système quelconque qui sera adopté clochera toujours d'un côté ou de l'autre.

Si l'on veut un système aussi parfait que possible et irréprochable à tous les points de vue, il faut supprimer l'une des deux catégories d'hypothèques. Laquelle? Ce ne peut pas être l'hypothèque générale ; car, si dans certains cas elle n'était pas admise, le droit hypothécaire, qui serait cependant reconnu *in thesi,* se trouverait en réalité sacrifié *in hypothesi.* Ce ne peut donc être que l'hypothèque spéciale. Pourquoi? Parce que la prohibition de l'hypothèque spéciale ne détruit pas le droit hypothécaire ; elle le transformerait seulement en un droit de même nature, mais plus extensible. Nous ne croyons pas nécessaire de justifier par des développements l'exactitude rigoureuse d'un tel aperçu.

Mais il est infiniment probable qu'on ne voudra supprimer ni l'hypothèque générale ni l'hypothèque spéciale. Il faudra donc se résigner à subir des inconvénients qui résultent uniquement de la coexistence de deux hypothèques différentes, qui, par certains côtés, sont, comme nous l'avons déjà dit, en flagrante antinomie.

V. — Aperçu du nouveau système qui serait fondé sur cette idée. Conclusion.

Si nous voulions entrer dans les détails les plus minutieux de la question, il conviendrait maintenant de rechercher comment il faudrait organiser la manutention des nouveaux registres. Mais, malgré son importance, ce point est secondaire, et il suffit d'entrevoir la possibilité de le régler de manière à donner satisfaction à toutes les exigences. Aussi nous contenterons-nous de quelques indications générales.

D'abord et rigoureusement, les registres hypothécaires pourraient demeurer ce qu'ils sont aujourd'hui, puisque les modifications que nous avons proposées se réduisent en définitive à quelques indications plus précises données par les intéressés eux-mêmes, sans que la forme des inscriptions, ni par conséquent des registres, soit le moins du monde changée. Il est néanmoins facile de comprendre qu'il serait fort avantageux de mettre les registres en parfaite harmonie avec le nouveau système.

Il faudrait d'abord deux registres distincts :

1° Le registre des hypothèques générales ;

2° Le registre des hypothèques spéciales.

Dans chaque conservation d'hypothèques, le registre des inscriptions spéciales pourrait se composer d'autant de volumes qu'il y aurait de *cantons* dans l'arrondissement hypothécaire. Il y aurait donc un volume par canton, et dans chaque volume *cantonal* un certain nombre de *folios* seraient attribués à chacune des communes composant le canton.

Les inscriptions hypothécaires se feraient, comme aujourd'hui, sur bordereau dressé par l'inscrivant. Mais il serait bon, pour plus de régularité et pour mettre les bordereaux d'accord avec l'économie intérieure des registres, de décider que les bordereaux seraient désormais écrits sur des formules imprimées, vendues par l'administration. L'inscrivant n'aurait qu'à remplir les *blancs,* et de cette manière les inscriptions seraient de beaucoup simplifiées.

Lorsqu'une hypothèque porterait en même temps sur plusieurs parcelles situées dans différentes communes, l'inscription se ferait sur les *folios* concernant chaque commune.

Quant au registre en lui-même, chaque *folio* serait divisé en un certain nombre de colonnes, correspondant chacune aux diverses énonciations exigées par la loi, de sorte qu'il y aurait en somme moins d'écritures. Ce résultat est fort important à noter, parce qu'il compenserait le surcroît d'écritures qui dans certains cas serait nécessaire. Nous avons vu, en effet, que les inscriptions grevant à la fois des immeubles situés dans plusieurs communes devraient forcément être reproduites autant de fois qu'il y aurait de communes distinctes. Mais comme chaque inscription hypothécaire n'occuperait désormais que le *quart* tout au plus de l'espace qu'elle remplit aujourd'hui, on peut affirmer que les frais d'un état d'inscription seraient le plus souvent notablement diminués.

Enfin, comme l'obligation d'énumérer toutes les parcelles pour chaque inscription pourrait allonger singulièrement l'état sur papier timbré si l'on comptait une ligne par parcelles, on pourrait décider que les parcelles seraient énumérées dans leur colonne, sans jamais *aller à la ligne,* et lorsqu'il se rencontrerait une série de parcelles, on ne devrait désigner la série entière que par le premier et le dernier numéro.

Tous ces détails pourront paraître mesquins; mais en pareille matière il ne faut rien négliger. Souvent, en effet, une amélioration acceptable en théorie doit cependant être abandonnée, parce que dans l'application elle rend nécessaire un supplément de frais de quelques centimes, qui, plusieurs fois multipliés, finissent par devenir une charge écrasante pour la propriété.

Du reste, nous n'avons voulu donner ici qu'un aperçu très-général des améliorations purement pratiques qui nous paraissent de nature à pouvoir être immédiatement adoptées. La réglementation des détails appartiendrait naturellement aux hommes spéciaux. Seulement, pour mieux faire comprendre notre pensée, nous allons tracer le modèle des registres tenus d'après les idées qui viennent d'être émises, sans attribuer d'ailleurs à ces *modèles* plus d'importance qu'il ne faut, et sans avoir la prétention de croire qu'on ne pourrait pas trouver mieux.

Nous ferons remarquer, en finissant, que les registres hypothécaires ainsi organisés auraient le grand avantage, au point de vue de la statistique et de l'utilité qu'on en peut retirer, de donner, tout de suite et avec la plus grande exactitude, non-seulement la situation hypothécaire de l'arrondissement, comme cela a lieu aujourd'hui, mais de plus la situation particulière de chaque canton, et même de chaque commune.

N° 1. — MODÈLE DE BORDEREAU D'INSCRIPTION.

BORDEREAU de l'inscription hypothécaire requise par le soussigné au bureau des hypothèques de Toulouse.

DATE DE LA RÉQUISITION de l'inscription.	NOMS, QUALITÉS, profession, etc. du débiteur.	NOMS, QUALITÉS, profession, etc. du créancier.	ÉLECTION de DOMICILE.	INDICATION DE L'ACTE en vertu duquel l'inscription est prise.	SOMMES GARANTIES par l'inscription. Exigibilité.	DÉSIGNATION des PARCELLES HYPOTHÉQUÉES.
15 février 1858.	Jean-Jacques Froment, propriétaire, menuisier, domicilié à Toulouse.	Pierre-Joseph Delrieu, relieur, domicilié à Toulouse.	Chez Me Vincent, avoué près le tribunal de première instance de Toulouse.	Acte d'emprunt, du 3 février 1858. Belloc, notaire à Toulouse.	Capital : 3,000 fr. intérêts pour deux années et l'année courante; frais évalués à 300 fr. Exigible le 15 février 1868.	N°s 150, 163, 170 à 178 de la section J, commune d'Ondes (canton ouest de Toulouse). N°s 82, 88, 90 à 98 de la section M, commune de Beuzelle (canton de Fronton).

Toulouse, le 15 février 1858.

Signé DELRIEU.

Inscrit au bureau des hypothèques, etc.

N° 2. — MODÈLE DE RÉQUISITION D'ÉTAT DES INSCRIPTIONS.

Le soussigné PIERRE-JOSEPH DELRIEU, relieur, domicilié à Toulouse, requiert l'état des inscriptions grevant spécialement les parcelles suivantes :

1° Les numéros 150, 163, 170 à 178, 184, 185, 190 de la section J, commune d'Ondes, canton ouest de Toulouse ;

2° Les numéros 82, 88, 90 à 98, 102, 106, 108 de la section M, commune de Beauzelle, canton de Fronton ;

Lesdits immeubles appartenant actuellement au sieur Jean-Jacques Froment, propriétaire, menuisier, domicilié à Toulouse, et ayant appartenu antérieurement aux sieurs N et N ;

Ensemble l'état des inscriptions d'hypothèques générales grevant tous les immeubles appartenant au susnommé dans l'étendue de l'arrondissement de Toulouse ; le tout, tant du chef du propriétaire actuel que du chef desdits précédents propriétaires.

Toulouse, le 25 février 1867.

Signé DELRIEU.

N° 3. — MODÈLE D'ÉTAT D'INSCRIPTION.

CONSERVATION DES HYPOTHÈQUES DE L'ARRONDISSEMENT DE TOULOUSE.

État des inscriptions grevant les immeubles ci-après désignés, requis par le sieur Pierre-Joseph Delrieu, relieur, domicilié à Toulouse, spécialement sur les parcelles suivantes :

1° N° 130, 163, 170 à 178, 184, 185, 190 de la section J, commune d'Oudes, canton ouest de Toulouse;
2° N° 82, 83, 90 à 98, 102, 106, 108 de la section M, commune de Beaucelle, canton de Fronton;

Lesdits immeubles appartiennent actuellement au sieur Jean-Jacques Froment, propriétaire, menuisier, domicilié à Toulouse, et ayant appartenu antérieurement aux sieurs X et N.

Ensemble les inscriptions d'hypothèques générales grevant tous les immeubles appartenant au susnommé dans l'étendue de l'arrondissement de Toulouse; le tout, tant du chef du propriétaire actuel, le sieur Froment, susnommé, que du chef des précédents propriétaires, systématiquement susnommés.

N° 1. — ÉTAT DES HYPOTHÈQUES SPÉCIALES.

1° Sur les parcelles ci-dessus indiquées, situées dans la commune d'Oudes, section J (canton ouest de Toulouse).

DATE, volume et numéro de l'inscription.	NOMS, qualités, profession, etc. du débiteur.	NOMS, qualités, profession, etc. du créancier.	ÉLECTION de domicile.	INDICATION DE L'ACTE en vertu duquel l'inscription a été prise.	SOMMES garanties par l'inscription. Exigibilité.	DÉSIGNATION des PARCELLES HYPOTHÉQUÉES.
13 février 1858, vol. XLIV, n° 16.	Jean-Jacques Froment, propriétaire, menuisier, domicilié à Toulouse.	Pierre-Joseph Delrieu, relieur, domicilié à Toulouse.	Chez M° Vincent, avoué près le tribunal de première instance de Toulouse.	Acte d'emprunt du 3 février 1858.	Capital : 3,000 francs, laissé pour deux années et l'année courante; Frais, évalués à 200 fr. Exigible le 3 février 1868.	N° 130, 163, 170 à 178 de la section J, canton ouest de Toulouse.
23 avril 1861, vol. XXI, n° 30.	Jean-Jacques Froment, propriétaire, menuisier, domicilié à Toulouse.	Antoine Riche, négociant, domicilié à Toulouse.	Chez M° Poublan, notaire à Toulouse.	Acte d'emprunt du 12 avril 1861, Poublan, notaire à Toulouse.	Capital : 2,000 francs, laissé pour deux années et l'année courante; Frais, évalués à 200 fr. Exigible le 12 avril 1871.	N° 179 à 178, 184, 185, 190 de la section J, commune d'Oudes (canton ouest de Toulouse).

2° Sur les parcelles ci-dessus indiquées, situées dans la commune de Beaucelle, section M (canton de Fronton).

DATE, volume et numéro de l'inscription.	NOMS, qualités, profession, etc. du débiteur.	NOMS, qualités, profession, etc. du créancier.	ÉLECTION de domicile.	INDICATION DE L'ACTE en vertu duquel l'inscription a été prise.	SOMMES garanties par l'inscription. Exigibilité.	DÉSIGNATION des PARCELLES HYPOTHÉQUÉES.
13 février 1858, vol. XLIV, n° 60.	Jean-Jacques Froment, propriétaire, menuisier, domicilié à Toulouse.	Pierre-Joseph Delrieu, relieur, domicilié à Toulouse.	Chez M° Vincent, avoué près le tribunal de première instance de Toulouse.	Acte d'emprunt du 12 février 1858.	Capital : 3,000 francs, laissés pour deux années et l'année courante; Frais, évalués à 200 fr. Exigible le 12 février 1868.	N° 82, 83, 90 à 98 de la section M, commune de Beaucelle (canton de Fronton).

N° 2. — ÉTAT DES HYPOTHÈQUES GÉNÉRALES SUR TOUS LES IMMEUBLES DU DÉBITEUR ÉVOQUÉS SITUÉS DANS L'ARRONDISSEMENT DE TOULOUSE.

DATE, volume et numéro de l'inscription.	NOMS, qualités, profession, etc. du débiteur.	NOMS, qualités, profession, etc. du créancier.	ÉLECTION de domicile.	INDICATION DE L'ACTE en vertu duquel l'inscription a été prise.	SOMMES garanties par l'inscription. Exigibilité.	DÉSIGNATION des PARCELLES HYPOTHÉQUÉES.
11 août 1864, vol. LIV, n° 34.	Jean-Jacques Froment, menuisier, domicilié à Toulouse.	Louis Donnez, banquier, domicilié à Toulouse.	Chez Ledivy, huissier à Toulouse.	Jugement du tribunal de Commerce de Toulouse, en date du 10 juillet 1864.	Capital : 1,800 francs, intérêts de cette somme au taux courant, et frais exposés, 800 fr. Frais à exposer (mém.). Exigible sans délai.	Sur tous les immeubles du sieur Froment, susnommé, situés dans l'arrondissement de Toulouse.

Toulouse, le 15 février 1867.

Délivré par le soussigné conforme, et certifié conforme aux registres.

Signé LE CONSERVATEUR.

IMPRIMERIE IMPÉRIALE. — 1868.

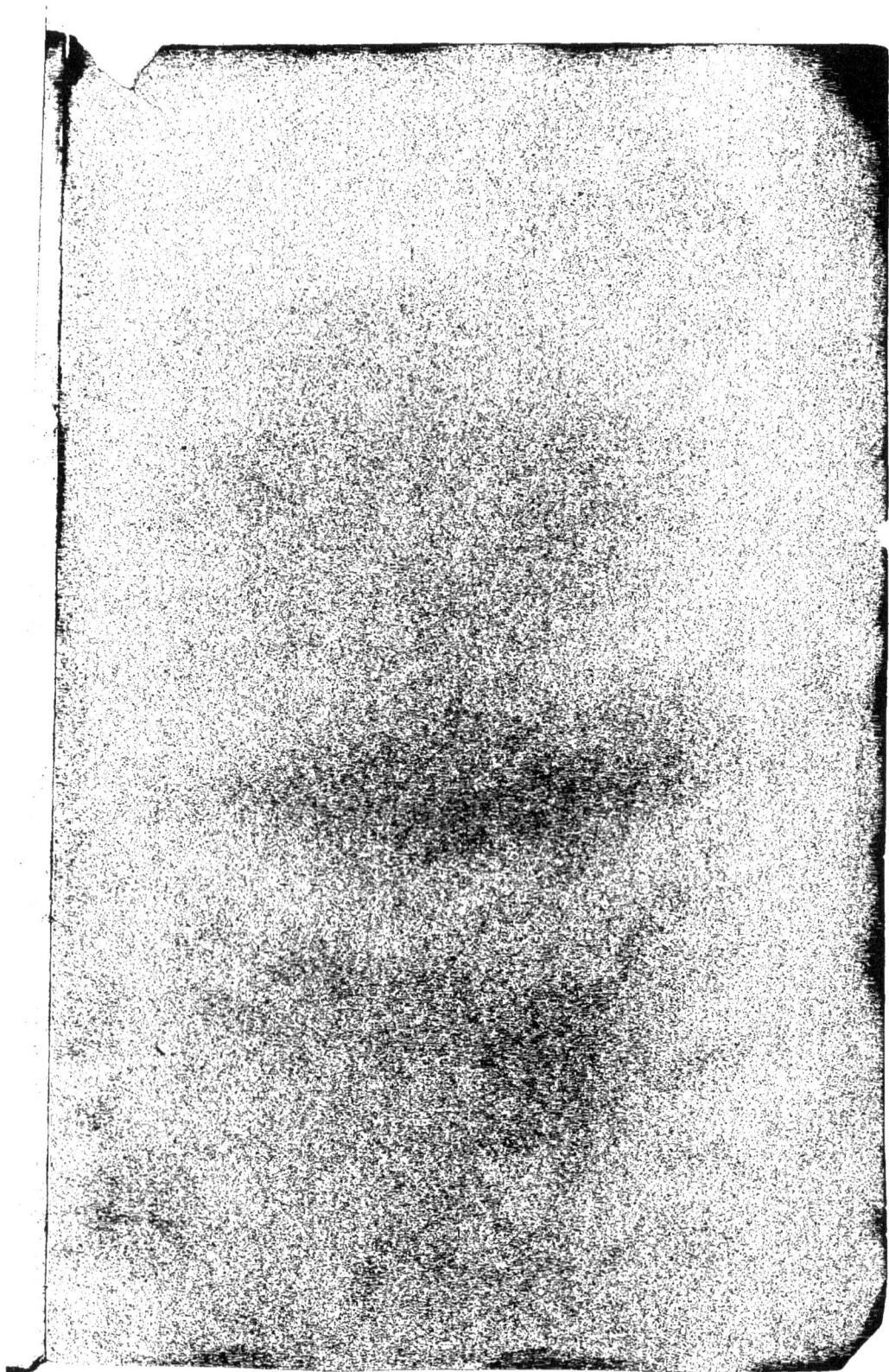

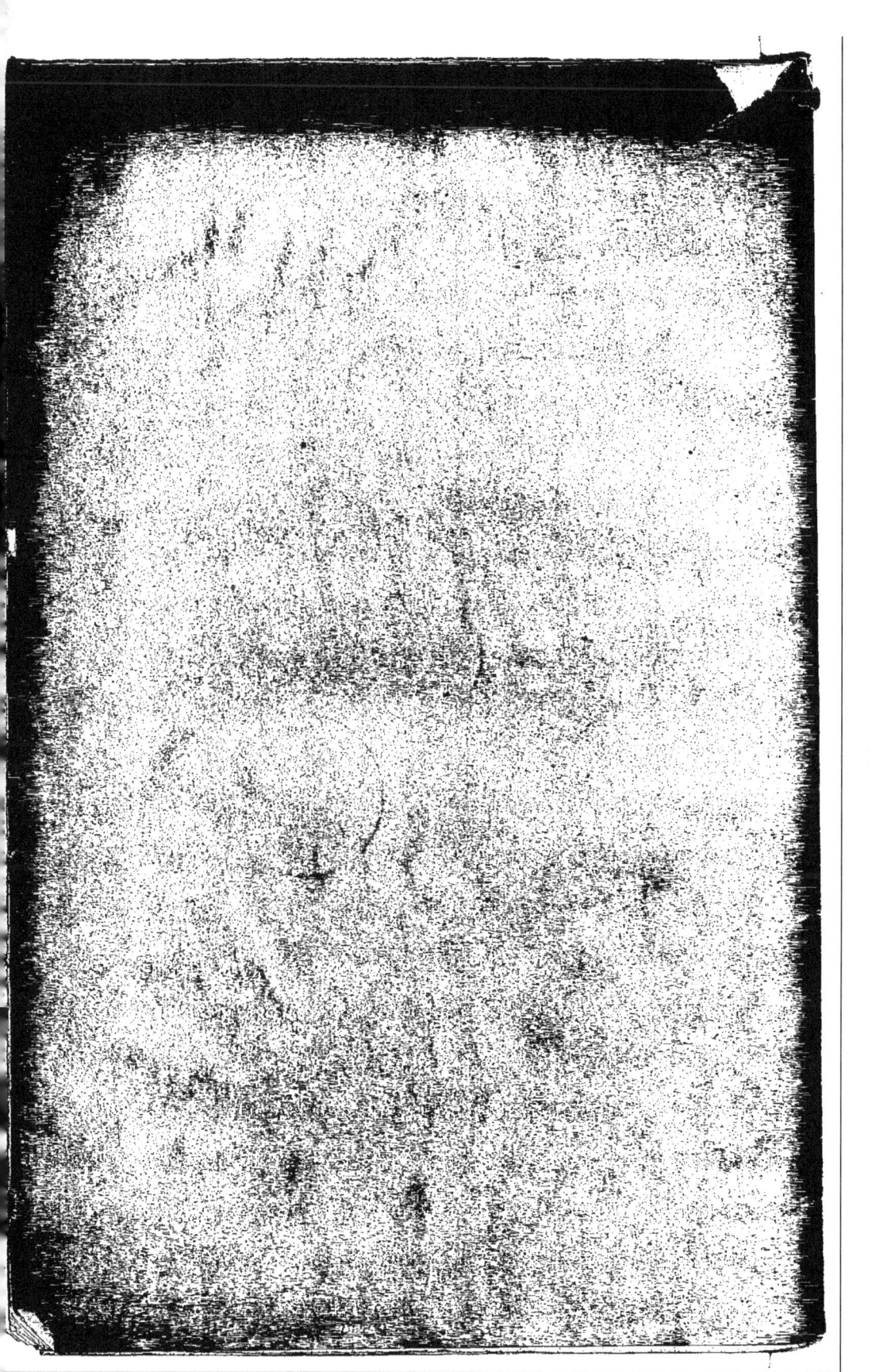

www.ingramcontent.com/pod-product-compliance
Lightning Source LLC
Chambersburg PA
CBHW050547210326
41520CB00012B/2749